전쟁국가 일본

차례
Contents

프롤로그 — 전쟁의 추억

1868년 메이지[明治]유신 이후 일본은 전쟁으로써 전쟁을 부양하듯 끊임없이 전쟁을 반복하면서 성장해 왔다. 이러한 의미에서 군사력을 통한 국가 발전은 일본의 국시(國是)와 같은 것이었다. 일본이 일으킨 전쟁의 영향도 컸다. 청일전쟁은 아시아의 질서를, 러일전쟁은 세계 질서를 바꾸었으며, 태평양전쟁(제2차세계대전)은 전전(戰前)과 전후(戰後)라는 시대 구분을 가져올 만큼 세계에 충격을 던졌다.

청일전쟁과 러일전쟁에서 일본은 이길 수 없는 전쟁을 이겼다. 단기 결전의 '행운'이 따른 것이다. 일본은 어떻게 청일전쟁과 러일전쟁에서 이겼을까? 두 전쟁이 일본에게는 국가 운명을 건 전쟁이었으나, 청국과 러시아에게는 국지적 성격이 강했기 때문이다. 그렇기에 전쟁은 단기간에 끝났으며, 전쟁에 패했음에도 러시아와 청국은 건재했다. 이길 수 없는 전쟁의 승리를 통해 일본은 비약적 성장을 했다.

미국과 일본의 태평양전쟁도 도저히 일어날 수 없는 전쟁이었다. 일본은 중국과 전쟁 중이었으며, 소련의 위협도 상존하고 있었다. 미국과 일본 사이에는 전쟁을 불러일으킬 만큼 심각하고 직접적인 이해관계의 충돌도 없었다. 당시 미국과 일본의 주요 물자 생산고는 1941년과 1944년에 미국이 일본의 약 80배와 약 118배였다. 이러한 경제력의 차이는 양국이 전쟁을 수행할 수 없는 상대였다는 것을 뜻한다. 그럼에도 일본은 '절벽에서 뛰어 내리는 심정으로' 진주만을 기습했다. 청일, 러일전쟁과 같은 '행운'을 기대한 것일까? 결과는 일본의 기대를 완전히 배반했다. 청일, 러일전쟁과 달리 미일 전쟁은 양국의 국가 운명을 건 전면전이었기 때문이다. 전쟁의 결과는 일본을 군사적으로, 메이지유신 또는 그 이전의 상태로 되돌려 놓았다. 무장해제를 당하고 헌법을 통해 군사력 보유마저 금지 당했다(헌법9조, 평화조항).

최근 다시 우경화 바람이 불고 있는 일본은 헌법9조 개정을 통해 군대 보유를 합법화하려 한다. 일부에서는 과거 침략전쟁을 긍정하는데, A급 전범이 합사되어 있는 야스쿠니신사[靖國神社]에 대한 수상의 공식 참배가 이를 상징한다. 지식인들조차도 태평양전쟁을 서양의 제국주의에 대한 반제국주의 전쟁으로 파악하는 경우가 있다. 일본의 전쟁은 독일의 전쟁과 달리, 결과적으로 "아시아·아프리카의 해방을 가져오는 계기를 마련했다."고 그들은 주장한다. 하야시[林房雄]가 그런 경우에 속하는데, 『대동아 전쟁 긍정론』(1965년)에서 태평양전쟁을 아시아 해방의 백년 전쟁으로 규정했다. 이런 논리가 성립한다면 독일이 식민지 해방에 더 큰 역할을 했다는 논리도 성립한다. 그러나 독일은 나치 정권의 침략을 범죄로 단죄하고, EU를 통해 유럽의 평화를 위해 노력하고 있다.

덧붙여, 한국 식민지배에 대한 미화도 전쟁 긍정론의 논법과 다르지 않다. 그들은 일본의 한국 식민지배가 나쁜 것만은 아니었다고 한다. 식민지 시대의 교육과 철도 건설 등이 그 후 한국 근대화의 원동력이 되었고, 오늘날 한국의 번영은 식민지배의 덕택이라 강변한다. 이것은 한국 경제의 성공이라는 결과를 가지고 일본의 한국 식민지배를 평가하는 결과론적 해석이다. 만약 한국이 근대화에 실패했다면 과연 일본이 식민지배가 나빴다고 사죄했을까?

흔히 일본을 아시아의 이스라엘이라 한다. 비우호국들로 둘러싸여 있다는 의미에서다. 이는 일본이 전쟁을 추억하고 있는 것과 관련이 있다. 덧붙여, '전쟁 국가 일본'은 일본이 전쟁만을 일삼는 국가를 뜻하는 것은 아니고 근대 일본의 성장과 전쟁의 관련성을 부각시키기 위한 수사(rhetoric)에 지나지 않는다는 것을 밝혀둔다. 또 본문에서는 조선과 한국을 편의에 따라 혼용했다.

근대 일본의 형성과 전쟁

근대 일본의 전쟁 주기설

전쟁의 주체는 국가이다. 때문에 국가와 전쟁은 밀접한 관계에 있다. 이 연관성은 근대 (민족)국가 형성에 있어 더욱 특별한데, 전쟁이 사회 구성원의 응집을 촉진하고 강력한 국가의 필요성을 강화해 국가의 존재 근거를 더욱 공고하게 했기 때문이다. 이런 논리는 근대 일본에도 마찬가지로 적용된다.

1868년 메이지유신 이후 일본이 선전포고를 한 전쟁만도 청일전쟁, 러일전쟁, 제1차세계대전, 제2차세계대전 등 네 차례에 이른다(만주사변, 중일전쟁은 선전포고가 없었음). 앞의 세 번의 전쟁은 정확히 10년을 주기로 일어났으며, 그 전후에도

10년을 주기로 전쟁이 발생했다. 1864년의 미·영·불·네덜란드의 4개국 연합 함대와 쵸슈 번[長州藩]의 전쟁(시모노세키 전쟁이라고도 함), 1874년의 대만정벌 전쟁 등이 있었다. 그리고 1884년에는 갑신정변이 있었으며, 이때 일본과 청국이 전면전을 한 것은 아니지만, 서울에서 청국군과 일본군 사이에 총격전이 있었다.

그 이후 일본의 군사력 사용 빈도는 주기가 더욱 짧아진다. 1918년 1월부터 1922년 10월까지 7만 3천 명을 동원한 시베리아 출병은 니코라이에프스크 등의 사건으로 많은 사상자를 내었다. 1927년부터 1929년까지 중국 산동(山東)반도에도 3회 출병했다. 거류민 보호를 명목으로 한 출병은 실질적으로는 장제스[蔣介石]군의 북벌에 대한 대항 전쟁이었으며, 1928년 5월에는 중국 측에 약 5천 명의 사상자가 발생한 전투가 있었다(제남사건(濟南事件) 또는 제남전쟁이라 함). 그 후 1931년 만주사변, 1936년 중일전쟁, 1941년 태평양전쟁이 이어진다.

이상의 과정을 살펴보면, 전쟁이 일정한 주기로 발생하고 있으며, 언제나 일본의 선제공격으로 전쟁이 발생했다는 공통점을 발견할 수 있다. 1914년 제1차세계대전까지는 정확히 10년마다 전쟁이 발발했고, 그 후는 대략 5년마다 전쟁이 있었다. 제1차세계대전을 계기로 전쟁 주기가 빨라진 것이며, 이는 일본의 대외 침략이 더욱 활발해졌다는 사실을 보여주고 있다. 1864년의 시모노세키 전쟁에 대해서는 선제공격설을 적용할 수 없다는 반론도 있을 수 있다. 시모노세키 전쟁은 4개국 연합 함대의 선제공격에 의해 발생했다는 것이다. 그러나 연합 함대의 공격은 그 전 해에 쵸슈 번이 시모노세키 해협을 통과하는 외국 선박에 포격을 가한 후 시모노세키 해협을 봉쇄한 데 대한 보복으로 이루어진 것이기 때문에 일본의 선제공격 때문에 발생한 것으로 간주해야 한다.

이상을 종합하면 근대 일본은 전쟁과 함께 성장, 발전해 왔다고 할 수 있다. 이를 군사적 발전주의라 하며, 이것이 바로 근대 일본을 전쟁국가로 규정하는 중요한 이유이다. 덧붙여 메이지유신 후 1945년 패전 일까지 일본은 60년간 28명의 수상이 있었다. 그 가운데 군 출신 수상이 15명이었고, 그들의 총 재임 기간은 30년 11개월이었다. 즉, 일본은 반 이상의 기간을 군 출신에 의해 지배받았다. 그러면 왜 일본은 이처럼 빈번하게 전쟁을 한 것일까?

일본의 대외 인식

근대 일본이 빈번하게 전쟁을 일으킨 가장 큰 이유는 일본의 대외 인식과 관련이 있다. 일본에서는 국제 관계를 상하 관계로 파악했으며, 상하 관계를 규정하는 것은 곧 힘(군사력)이라는 인식이 강했다. 이와 같은 대외 인식을 형성한 이유는 여러 가지이나, 오랜 기간의 쇄국을 통해 형성된 국내의 질서 원리가 국제적 경험이 없는 일본의 대외 인식에 그대로 투사되었다는 설이 설득력을 가진다. 국제 경험이 없었기 때문에 국내적 개념 렌즈를 통해 국제 사회를 이해했다는 것이다.

도쿠가와 시대 일본 사회는 유교 질서를 바탕으로 한 막번(幕藩) 체제를 통해 중앙과 지방, 막부와 번(藩)의 상하 관계와 봉건적 신분 질서를 유지해 왔다. 그렇기 때문에 자율성을 가진 대등한 주체에 의해 형성되는 사회라는 인식이 발전할 수 없었고, 지배와 피지배 관계의 기본적인 사회 양태가 공고해졌다.

이러한 도쿠가와 막부 체제의 상하 관계는 전국 시대를 거치면서 형성된 것이다. 전국 시대는 말 그대로 무사들의 힘이 지배하는 사회로 질서 형성이 힘에 의존하게 된다. 즉, 전쟁이 새로운 질서를 형성하는 원동력인 것이다. 전쟁과 정벌을 통한 도쿠가와의 전국 통일과 막부의 성립이 이를 말해준다. 그 후 일본은 메이지유신까지 무사들에 의한 힘의 지배와 엄격한 신분 질서를 기본 원리로 하는 사회를 유지해 왔다. 일본 국내의 이러한 지배 원리는 곧바로 국제 사회를 파악하는 원리로 투사되었다. 국제 관계를 힘의 관계로 파악하여 힘이 강한 국가가 성공하고 약한 국가는 쇠퇴해 간다는 인식을 가지게 된 것이다. 이러한 인식에 근거하여 근대 일본의 지도자들은 군사력을 강화하고 전쟁을 통한 국가 발전을 도모했다.

그러면 새로운 질서의 모색기에 근대 일본은 서양 세력을 어떻게 인식하고 대응했는가? 당시 서양 세력의 외압은 증기선으로 상징되는 거대한 산업력을 배경으로 하고 있었다. 1824년에 후지타 유코쿠가 "실은 그 화(禍)는 몽골의 백배나 된다."고 한 것은 당시 일본이 느낀 외압의 크기를 잘 말해주고 있다. 동시에 당시의 외압은 종래의 외압과는 전혀 다른 이질적 요소를 내포하고 있었는데, 인종은 물론 유교와 한자 문화로 상징되는 동양 문화와는 근본적으로 다른 크리스트교를 바탕으로 하고 있었다. 그만큼 외압의 충격은 더욱 증폭되었다.

이러한 상황에서 1864년 영·미·불·네덜란드의 4개국 연합함대와 쵸슈 번의 전쟁이 발발했다. 서양 세력과의 최초의 직접적인 충돌이었다. 양이운동을 펴고 있던 쵸슈 번은 그 전해 5월, 시모노세키 해협을 통과하는 미국, 프랑스, 네덜란드 선박에 포격을 가하고 해협을 봉쇄했다. 다음해 8월 4개국 연합함대는 시모노세키의 포대를 공격했다. 최신 무기로 무장한 그들에게 쵸슈 번의 군은 상대가 되지 않았다. 해협을 통과하는 외국 선박을 우대하고, 해협의 포대를 복원하지 않는다는 조건으로 휴전이 성립되었다. 이 전쟁을 통해서 쵸슈 번과 일본은 신식 무기와 서양 군대의 위력을 절감하고 그들의 힘을 인정하지 않을 수 없었다.

이 전쟁 이후 일본은 서양 세력과 직접적인 충돌을 한 번도 일으키지 않았다. 국제 관계를 힘의 원리로 파악하고 그들을 당할 수 없다는 것을 알았기 때문이다. 개항 요구에 문호를 개방하고, 적극적으로 그들의 선진 문물을 받아들이는 데에도 큰 저항감이 없었다. 한국과 중국이 마지막까지 서양 세력에 대항하고 대립을 지속한 것과 비교해 매우 대조적이다.

힘의 논리에 따른 일본의 이러한 행동을 사무엘 헌팅턴은 『문명의 충돌』에서 "강자에의 편승"이라 부르고, 팍스 브리테

니카(Pax-Britanica) 시대의 영일동맹, 제2차세계대전 때 유럽을 석권한 독일과의 동맹, 팍스 아메리카나(Pax-Americana) 시대의 미일동맹을 그 예로 들고 있다. 강한 자에게는 덤비지 말고 굴복하라는 일본 격언의 국제판 같은 현상이다.

서양의 충격과 메이지유신

도쿠가와 막부는 1633년 이후 통신은 조선과 류큐(지금의 오키나와), 통상은 중국과 네덜란드에만 한정하고 그 외 국가와의 접촉을 금하는 쇄국정책을 폈다. 이러한 상황에서 러시아는 남하 정책의 일환으로 일본과의 통상을 요구했다. 1792년에는 락스만(Adam K. Raxman) 특사가 홋카이도 네무로에 내항했으며, 1804년에는 러시아 선박이 나가사키에 입항하여 통상을 요구했다. 일본은 이를 모두 거절했다. 그러자 러시아 함대는 에도로후 섬을 공격하는 등 일본을 위협했다. 일본이 접한 최초의 서양 세력이었다. 근대 이후 일본의 러시아 위협론은 여기에서 출발한다.

또 1808년에는 영국 군함이 식수 보급을 위해 나가사키에 입항하고, 미국과 영국의 포경선이 일본 연안에 출몰하는 등 외국과의 접촉 빈도가 많아졌다. 그 후에 미·영·불·네덜란드 등이 간헐적으로 일본에게 통상을 요구해 왔다. 이러한 외세의 출몰은 일본의 쇄국정책을 위협하면서 쇄국의 유지와 개국을 둘러싼 국내외적 긴장을 고조시켰다. 막부는 1825년 각 번

(藩)에 근접하는 외국 배에 대해서는 '두 번 생각할 것 없이 무력으로 격퇴'할 것을 명령하고, 한편으로는 해안 방비를 강화하는 해방(海防)정책으로 쇄국 체제를 유지하려 했다.

그러나 아편전쟁(1839~1842년)에서 중국이 패하는 것을 보고, 더 이상 쇄국이 불가능하다는 것을 알게 되었다. 아편전쟁의 결과 서양과의 군사력 차이가 명확해졌고, 서양 국가들과의 충돌은 패배를 가져올 것이 분명했기 때문이다. 이 같은 상황에서 1853년 미국의 동인도 함대 사령관 페리(Matthew C. Perry)가 4척의 군함을 이끌고 동경만에 입항하여 무력 위협을 하면서 개항을 요구하고, 다음해 봄에 회신을 받으러 오겠다며 돌아갔다. 1848년 캘리포니아의 금광 발견으로 미국 서부 해안과 중국 간 정기 항로가 필요했으며 중간 보급지로서 일본의 문호 개방이 절실했다. 막부는 다소의 논란 끝에 그 다음해 1월 「미일화친조약」을 체결, 문호를 개방했다. 산업력을 기초로 하는 서양의 거대한 힘의 논리를 수용한 것이다. 이는 거꾸로 쇄국을 포기한 막부의 힘의 한계를 드러내는 것이었다.

이러한 일본의 태도는, 앞에서 언급한 1864년의 4개국 연합 함대와의 전쟁에서 패배함으로써 더욱 극명하게 드러났으며, 그 이후 서양 세력에 직접 대항하는 일은 없었다. 동시에 일본은 이 전쟁을 통해서 당분간 서양 세력과의 직접 충돌을 피하면서 그들을 극복해야 하는 필요성도 절감했다. 이 거대하고 이질적인 외압을 극복하기 위해서는 다음의 두 가지가 필요했다. 하나는 보다 넓은 민중의 합의(concensus)와 그것을 통일적으로 결집할 수 있는 전국적 단위의 정치적 통일체(national unit)의 형성, 즉 막번 체제의 붕괴를 통한 천황 중심의 중앙집권적 통일국가의 건설이다. 또 하나는, 서양 국가들이 가진 것과 동등한 산업력과 군사력을 가지는 것으로, 근대화가 바로 그것이다. 이러한 필요성을 충족시키고자 한 것이 메이지유신이며, 그것은 일본이라는 천황 중심의 통일국가 형태로 나타났다. 역사의 이면에 존재하던 천황이 역사의 전면에 등장하는 계기가 된 것이다. 서양에서 메이지유신을 왕정복고(restoration)로 이해하는 경향이 강한 것도 이 때문이다.

서양 세력과의 직접적인 대결에서 가장 큰 타격을 받은 쵸슈 번과 사쓰마 번은 메이지유신 정권 수립 과정에서 주도적인 역할을 했다. 서양 세력과의 충돌을 통해 그들의 힘의 크기를 가장 잘 알았던 만큼 위기의식도 강했기 때문일 것이다.

대만 출병과 정한(征韓)론

메이지유신 후 일본 정부가 직면한 문제는 '막부 체제를 대신한 새로운 정부의 권위와 정당성을 어떻게 확립할 것인가'였다. 특히 폐번치현(廢藩置縣; 번을 폐지하고 현을 두는 조치로 이로써 막부 체제는 종식을 고하게 된다)이라는 구제도의 타파 과정에서 발생한 대량의 무사 계급(士族; 사무라이), 즉 구지배 계급의 불만을 해소하고 외압으로부터 국가의 독립을 보존하는 것은 유신 정부의 존재 의의와 직결되는 문제였다. 이 두

13

가지를 동시에 해결하려 한 것이 대만 출병과 정한론이었다. 신정부로부터 소외된 사족층을 결집하여 대외적 군사 행동을 통해 그들의 불만을 해소하고, 대내외적으로는 국가적 위신을 확립하려는 의도였다. 도요토미[豊臣秀吉]가 전국을 통일한 후 충만해진 무사들의 에너지를 발산하고 국내의 안정을 취하기 위해 조선정벌(임진왜란)에 착수한 것과 같은 맥락이다.

정한론의 발단은 메이지유신 후 새로운 관계를 맺기 위해 조선 정부에 사신을 파견했으나 조선 정부가 이를 거부한 데에 있다. 거부 이유는 국교 회복을 위한 외교 문서에 '천황', '봉칙(奉勅)'과 같이 무례(無禮)한 용어를 사용하고 있었기 때문이다. 일본보다 우월하거나 대등한 지위에서 외교 관계를 유지해 왔던 조선 정부로서는 일본의 변화된 행위를 받아들일 수 없었던 것이다. 이에 사이고를 중심으로 조선의 '무례'함을 응징하려 했다. 그러나 사족들의 결집은 징병령에 의한 신식 군대의 편성을 어렵게 할 뿐만 아니라, 그들이 세력화할 것을 우려한 오쿠보 등의 반대로 실현되지 못했다. 조선 정벌보다는 내치를 우선해야 한다는 이유에서였다. 이에 정한론을 주장한 사이고 등은 1873년 10월 정부를 떠났으며, 그 후 그들은 재야에서 반정부 운동에 종사하게 된다. 그리고 반정부 운동의 일환으로 민권 운동을 전개한다. 무력 사용을 통한 정한론의 주창자들이 국내적으로는 일본 민주주의의 싹을 틔우게 되는 아이러니한 현상이 벌어진 것이다. 이는 정한론이 유신 정부 내에서 일어난 권력 투쟁의 산물이었다는 것을 의미한다.

그 후 오쿠보 등 정부 세력은 계속되는 정한론자들의 반란 및 반정부 운동을 억압하기 위해 대만정벌을 진행시킨다. 대만정벌을 통해 대외적 군사 행동을 주창하는 사족들을 통제하에 둠으로써 국내 정치를 안정시키려 했다. 대만정벌은 1871년 대만에 표류한 류큐 왕국민 54명이 대만 원주민에게 살해당한 사건을 구실로, '국민보호, 국권옹호'를 명분으로 삼았다. 실제 정벌이 실행된 것은 사건 발생 3년 후였다. 이는 대만정벌이 자국민 보호를 위해 취해진 조처가 아니라는 것을 의미한다. 당시 주일 영국 공사 파크스(Harry Smith Parkes)는 일본의 대만 출병을 "군사적 명성을 확립하여, 극동에서 일본의 권위를 증대시키기 위한 것이었다."고 보고했다. 그리고 1871년의 시점에서 류큐는 일본, 중국과 모두 교류하면서 독립된 왕국으로 존재하고 있었기 때문에 명분상으로도 자국민 보호는 맞지 않다. 일본이 군대를 동원하여 류큐에 오키나와 현을 설치하여 일본의 일부로 편입한 것은 1879년의 일이다. 일본의 대만 출병에 대해 청국은 강력 항의하였으나, 결국은 출병을 인정하고, 50만 량(兩)의 배상금을 지불했다. 대만 출병의 성공으로 사족들의 불만은 해소되었고, 이는 유신 정부의 안정으로 이어졌다. 근대 일본의 형성과 전쟁의 관련성을 잘 보여주는 사례이다.

위 두 사건은 당시 한·중·일을 둘러싼 전환기적 동아시아의 국제 관계를 극명하게 보여주고 있다. 이는 전통적인 아시아의 계급적 질서를 유지하려는 한국 및 중국과 메이지유신을 계기로 상황을 역전하려는 일본의 충돌이었다. 청국의 패배는,

그것이 비록 국지적인 전쟁이었다 하더라도, 동아시아 국제질서의 변화 가능성을 예고하는 것이었다. 대만 출병 다음해 요코하마에 주둔하고 있던 영국과 프랑스 군이 자진 철수한 것도 국제 사회에서 일본의 위신이 달라지고 있음을 보여주는 것이었다. 그 연장선상에서 일본은 1875년 조선에 대해 강압적으로 강화도조약(한일수호조규)을 체결했다. 이 조약은 한·중·일 3국 간에 있어 최초의 불평등 조약으로서 전통적 동아시아 질서 변화의 시작이었다.

이와 동시에 일본은 사할린을 러시아령으로, 치시마 열도를 일본령으로 하는 사할린·치시마 교환 조약을 체결하고, 태평양의 오가사하라 군도를 일본령으로 귀속시켜 국경을 확정했다. 오키나와에 대해서도 중국에의 조공을 폐지하도록 했다. 이상과 같이 일본은 정한론과 대만 출병을 통해 국내 정치를 안정시키고, 영토의 확정과 불평등조약의 체결 등으로 대외적 진출의 발판을 마련하게 되었다.

악우(惡友)를 사절한다

일본의 아시아 인식은 매우 복잡하다. 서세 동점의 위기 국면을 극복해야 하는 상황에서 일본은 아시아와 어떠한 관계를 형성해야 할 것인가? 그것은 두 가지 방향으로 나타났다. 하나는 인종·문화·지리적 동질성을 기초로 아시아와 연대하여 서양 세력에 대항해야 한다는 것이다. 또 하나는 후진적 아시아를 탈출하여 구미의 선진 문명국과 같은 국가가 되어야 한다는 것이다. 전자를 아시아주의 또는 아시아 연대론이라 하고, 후자를 탈아론 또는 탈아입구(脫亞入歐)론이라 한다.

아시아주의는 일본이 지도적인 입장에서 아시아의 문명화를 돕고 서양 세력에 대항한다는 '아시아 지도론' 또는 '아시아 맹주론'으로 발전하고, 탈아론은 일본이 서양 국가들과 함께 제국주의화하는 논리적 근거를 제공하게 된다. 그러나 아시아주의와 탈아론은 그것이 아시아에 대한 침략이라는 측면에서 공통점을 가지고 있다. 메이지 시대의 사상적 선구자로 알려져 있는 후쿠자와 유기치의 1885년 3월 16일 『시사신보(時事新報)』 사설은 이를 잘 보여주고 있다.

"메이지유신의 일거(一擧)는 실로 '탈아(脫亞)' 두 자로 형용할 수 있다. (중략) 그런데 불행하게도 이웃에 청국과 한국이라는 두 국가가 있는데 (중략) 지금의 추세대로 간다면 머지않아 국가는 망하고 국토는 세계의 문명국들에 의해 분할될 것이다. 그때는 이미 늦어 일본이 이웃 나라의 문명 개화를 기다려 아시아를 일으킬 여유가 없으며 오히려 그 무리에서 벗어나 서양의 문명국과 진퇴를 같이할 것이다. 중국과 한국을 상대하는 방식에 있어서도 이웃 나라라고 하여 특별히 동정할 것까지 없다. 실로 서양인이 이 나라들을 상대하는 방식에 따라 처분할 수밖에 없다. 악우(惡友)를 좋아하는 자는 함께 악명을 면치 못할 것이다. 우리는 진심으로 아세아 동방의 악우를 사절하는 바이다."

갑신정변이 실패한 후부터 일본은 아시아 연대론에서 탈아
론으로 전환했다고 알려져 있다. 일본의 영향하에서 시도된 갑
신정변의 실패는 아시아 국가들이 일본의 의도대로 근대화하
지 않는다고 판단한 계기가 되었다는 것이다. 그런 의미에서
한국과 중국은 구태를 벗어나지 못하는 악우(惡友)인 셈이다.

이후 일본은 일관된 탈아 과정을 통해 서양국가화하면서
또 한편으로는 아시아주의를 주창한다. 즉, 서양에 대한 모방
의식과 아시아에 대한 귀속 의식의 반복적 순환이다. 이 순환
론 속에서 일본은 아시아에 대해 탈아론적인 멸시와 아시아주
의적 동질성이라는 2중의 모순 구조를 가지게 된다. 열강들에
대해 한국과 중국에 대한 특수한 지위를 인정받으면서 다른
한편으로는 한국과 중국에 대한 침략 정책을 추진하는 모순이
그것이다. 태평양전쟁에서 아시아 인에 의한 아시아의 해방을
주창하면서 아시아를 침략·식민지화 하는 것이 그 예이다.

한반도는 일본의 이익선(利益線)

한반도에 대한 일본의 기본 인식은 역사적으로 군사적 측면
에서 출발하고 있다. 메이지유신 이후 일본은 한반도를 자국의
안전에 직접 관련이 있는 핵심적 가치(core value)를 지닌 지역
으로 인식해 왔다. 야마가타 아리토모 수상이 1890년 제1회 제

국의회의 시정 방침 연설을 통해 "일본의 국방상의 안전을 위해서는 이익선의 보호가 필요하다."고 역설하면서, 이익선이란 주권선(국가 통치의 주권이 미치는 범위)의 안전에 밀접한 관련을 지닌 지역이며, 구체적으로 일본의 이익선은 한반도라고 밝힌 것이 이를 상징하고 있다. 이러한 관점에서 보면, 일본으로서는 일본에 적대적인 세력이 한반도에 형성되어서는 안 되며, 적극적으로는 한반도를 일본의 영향력 아래에 둠으로써 일본의 안전을 확보할 수 있게 되는 것이다. 1885~1888년 사이 육군 대학에서 교편을 잡고 일본의 군제와 전술에 큰 영향을 끼친 독일인 멕켈은 근무를 마치고 돌아가면서 "한반도는 일본을 겨눈 비수와 같다."는 말을 남겼다.

일본의 한반도에 대한 이러한 인식은 몽골 제국의 일본 정벌에서 연유했다고 한다. 물론 몽골의 일본 정복은 이루어지지 않았다. 그러나 그것은 섬나라 일본이 역사적으로 외부로부터 받은 유일한 위협으로서 국가의 존망을 거론할 정도로 심각한 경험으로 남아 있다. 대륙으로부터 일본을 향해 뻗어 있는 한반도의 지리적 조건이 몽골의 일본 침략을 가능하게 했다는 것이 그들의 인식이다. 이러한 인식의 연장선상에서 일본은 한반도를 일본 안전의 방파제로 여기게 된다.

위와 같은 주권선과 이익선의 개념은 한반도를 시작으로 한 아시아 침략의 논리와 정당성을 제공한다. '조선의 식민지 → 만주국 건설→ 중국 침략→ 동남아시아 침략→ 태평양전쟁'은 주권선과 이익선의 확대 과정인 것이다.

중국은 '잠자는 돼지' – 청일전쟁

문명과 야만의 전쟁

이익선의 관점에서 본다면 일본에게는 청국과 러시아가 조선에 대해 영향력을 확대하는 것이 결코 바람직하지 않다. 일본은 청국과 러시아의 영향력 확대를 방지하고 조선을 일본의 영향력하에 두기 위해, 조선 내의 이른바 개화파와 관계를 긴밀히 하면서 세력 확대를 도모하게 된다. 그러나 이러한 정책은 성공하지 못했다. 1882년의 임오군란 때는 일본의 공사관이 습격 받았으며, 1884년에는 청국이 프랑스와 전쟁[청불전쟁(淸佛戰爭)]을 하고 있는 틈을 노려 김옥균 등을 지원하여 갑신정변을 일으켰으나 청국의 개입으로 역시 실패했다. 이들 사건은 일본의 영향력이 오히려 약화되고 청국의 세력이 강화되는 결과를 가져왔다. 이 두 번의 실패를 일본은 청국과의 군사력 차이(특히 해군력) 때문이라 보고, 군사력 증강에 박차를 가한다. 당시 청국은 정원(定遠), 진원(眞遠)과 같은 세계 최대급 전함(7천 톤)을 보유하고 있었으나, 일본은 4천 톤급의 전함도 없는 실정이었다. 갑신정변 이후 일본은 적극적으로 해군력 증강에 착수했으며, 육군도 편제를 대륙 작전용으로 개편했다. 군사비 예산도 종래의 16%에서 평균 26%까지 늘려, 실제로 전쟁 준비에 착수했다. 전쟁을 통해서라도 조선으로부터 청국의 지배력을 배제해야만 했다.

이러한 상황에서 발생한 동학혁명은 일본에게 전쟁의 구실을 마련해 주었다. 조선 정부로부터 동학혁명 진압을 요청받고 청국 군대가 출병하자, 일본은 「전시 대본영 조례」에 따라 대본영(大本營)을 설치하고 청국 군대의 3배나 되는 군대를 한반도에 파견하였다. 동학혁명 진압이 아니라 청국과 전쟁을 하기 위한 출병이었다. 일본군이 아산에 주둔하고 있는 청국군을 기습 공격함으로써 전쟁이 시작되었다. 이틀 후에는 바다에서 아산만의 청국 함대를 기습 공격했다. 1주일 후 "일본이 청국에 대해 조선의 악정 개혁, 치안 유지, 완전한 자주독립을 요구했으나 청국은 이를 방해하고 거절했기 때문"이라는 이유를 들어 선전포고를 했다. 기습 공격을 통해 결정적으로 타격을 가한 후 전세가 유리해지면 정식 선전포고를 하는 것은 일본의 전쟁 방식이었다.

대부분의 열강들은 청국의 승리를 예상하고 있었다. 일본의 육군은 12만 명에 지나지 않았으나, 청국은 이홍장 휘하의 군대만도 5만 명이었으며 일본의 몇 배는 동원이 가능할 것으로 여겨졌다. 일본 자신을 포함해 그 누구도 일본의 승리를 예상하지 못했으나, 전쟁 결과는 일본의 압도적인 승리였다. 일본 승리의 원인을 "군사력의 차이보다는 정치, 사회적 근대화의 차이였다."고 분석하는 경우가 많다. 메이지유신 후 단행한 신분제 폐지와 국민 개병제 등은 국가의 운명과 자신의 운명을 동일시하는 근대적 의미의 '국민'을 양성하게 되었고, 이것이 승리의 가장 큰 요인이라는 것이다. 실제로 초반 전쟁의 승패에 중요한 영향을 끼친 평양전투에서 청국군과 일본군의 행동은 이 차이를 잘 보여주고 있다. 청국군은 일본군의 북상을 저지하기 위해 1만 2천 명의 병력을 집결시켜 평양성을 지켰다. 일본군은 1만 7천 명의 병력을 동원하여 공격을 했다. 청국군은 대항도 하지 않고 밤중에 성을 내주고 도망쳐 버렸다. 군량, 장비 등에서 우세한 청국군이 싸우지도 않고 스스로 도망쳐 버린 것은, 국가의 운명을 자기의 운명으로 인식하지 못한 전근대적인 신민(臣民)의 행태 바로 그것이었다. 이홍장 자신도 적극적으로 일본과 싸우려 하지 않았다. 전투로 생기는 병력 손실은 곧 자기 세력의 약화를 가져온다고 생각했기 때문이다. 전쟁에 동원된 일본군은 24만 명이고, 전사자는 1만 3천 명이었으나 그 가운데 약 90%는 질병으로 인한 사망이었다. 실제 전투에서 죽은 병사는 1,500명에 지나지 않았다.

전사자는 야스쿠니[靖國]신사에 합사되었으며, 1895년 12월

17일 천황이 참석한 가운데 전사자 위령제가 거행되었다. 이를 계기로 야스쿠니신사는 천황제 군국주의 국가의 상징으로서의 지위를 얻었다. 모든 신사가 내무성 관할이었으나, 1887년 이후 야스쿠니신사만 유일하게 육해군성 관할이 된 것도 이 때문이다. 이에 따라 야스쿠니신사는 천황에 대한 충성심 함양과 직결되며, 일본 국민교육의 핵심으로 자리 잡는다.

거꾸로, 야스쿠니신사에 합사된다는 것은 진정한 천황의 국민[皇民]으로 인정받는 것을 의미하기도 한다. 예를 들면, 류큐 왕국으로 있다가 일방적으로 일본에 편입된 오키나와 현민의 경우는 러일전쟁 때부터 야스쿠니신사에 합사되었다. 일본에 편입되기 이전에는 중국과 일본에 다 같이 조공을 하고 어느 정도의 독립성을 유지하고 있었기 때문에 청일전쟁에는 그들을 출전시킬 수 없었다. 조선인 군인, 군속의 경우도 태평양전쟁 때부터 합사되기 시작했다. 이는 합방 30년이 지나서야 비로소 '일본 국민'으로 인정하기 시작했다는 것을 의미하는데, 합방과 동화정책의 허구를 여실히 보여주고 있다. 참고로 조선인 합사자는 2만 636명이며, 대만인은 2만 7,656명으로 알려져 있다.

청일전쟁은 근대적 국가와 전근대적 국가 간의 전쟁이었다. 동시에 이는 문명화한 국가와 문명화하지 못한 국가 간의 전쟁이었다. 일본 기독교의 선구자 우치무래[內村鑑三]는 청일전쟁을 '신문명을 대표하는 소국(일본)'과 '구문명을 대표하는 대국(청국)' 간의 의전(義戰)으로 인식했다. 후쿠자와 역시 청일전쟁을 '문야(文野)의 전쟁', 즉 문명과 야만의 전쟁으로 규정했다. 그는 '문명'의 이름으로 청일전쟁을 정당화함으로써 '탈아'의 자기 완결적 의미를 부여했다. 이러한 자기 완결적 의미 부여를 통해 문명이라는 이름으로 일본은 아시아 침략을 정당화하게 된다. 여기에서 일본의 근대화, 즉 문명화는 국가 위기의 극복 수단으로서의 탈아론 및 문명론이 아니라, 아시아에 대한 침략과 맹주적 입장을 정당화하는 논리 구조로 발전한다.

청일전쟁의 승리는 아시아에 대한 일본의 우월성을 각인시키는 결정적 계기가 되었다. 전쟁에 승리한 일본에게 있어서 청국은 "잠자는 사자가 아니라, 잠자는 돼지"였다. 이후 일본은 중국인을 돼지에 비유하여 "챤"이라 불렀으며, 국명도 중국이나 청국이 아니라 지나(支那)라는 명칭으로 일반화되었다. 이러한 중국에 대한 멸시는 전쟁터에서 민간인에 대한 무차별 학살로 이어졌다. 1894년 11월 여순항을 점령한 일본은 4일간에 걸쳐 약 6만 명의 민간인을 학살했다. 중일전쟁에서 발생한 남경대학살의 전조였다. 이 사건을 접한『뉴욕 월드』는 1894년 11월 28일자 기사에서 "일본은 문명의 탈을 쓴 야만의 괴수(怪獸)"라고 비난했다. 그리고 강화회담을 위해 일본에 온 이홍장이 저격당하는 전대미문의 사건이 발생했다. 투항한 적의 장수도 보호를 받는데 강화회담의 대표가 적지에서 저격을 당한 것이다. '문명화된 국가'의 반문명적 행태를 보여주는 일대 사건이었다.

또 청일전쟁은 인종적으로는 황화론(yellow peril)을 불러일으키는 계기가 되었다. 기독교적 바탕이 없는 아시아가 통일되면 징기스칸의 원정과 같은 피해가 유럽에 미칠 것이라 상정한 황화론은 일종의 일본 경계론이다. 그것은 동시에 중국의 패배가 가져올 아시아의 변화를 우려한 것이기도 했다.

전쟁에 이기고 외교에 지다—3국 간섭

1895년 4월 17일 청일강화조약(시모노세키 조약이라 함) 체결로 전쟁은 끝났다. 조약 제1조는 "청국은 조선국이 완전 무결한 자주 독립 국가임을 확인한다. 따라서 조선의 자주 독립을 해치는, 조선의 청국에 대한 공헌, 전례(典禮) 등을 완전히 폐지한다."고 되어 있다. 청일전쟁이 조선에 대한 중국의 영향력을 배제하기 위한 것이었다는 것을 보여주는 대목으로, 청국을 대신해 일본이 조선에 대해 영향력을 확대하려는 것을 의미했다. 그리고 일본은 중국으로부터 2억 량(중국 예산의 3배, 일본 예산의 4배 이상, 전쟁 비용의 약 2배에 상당한 금액)의 배상금을 받고 대만, 요동반도를 할양받았다. 배상금은 그 후 러일전쟁에 대비한 군비로 사용된다. 대만과 요동반도 할양은 대륙 진출을 노리는 육군과 태평양 및 중국 남부로의 세력 확대를 꾀하는 해군의 요구에 따라 중국을 포위하는 형세를 취하고 있다.

대만과 요동반도 할양은 일본이 처음으로 해외에 식민지를

획득하고, 섬나라가 대륙 국가로 되는 순간이었다. 배상금을
받아낸 것과 일본이 대륙 국가화한 데 대해 일본 국민들은 열
광했다. 그러나 열광은 3일 천하로 끝났다. 조약 비준 3일 후
동경 주재 러시아, 독일, 프랑스 공사가 외무성을 방문하여
"일본의 요동반도 영유는 동아시아의 평화를 해친다."며 이를
포기할 것을 요구했다. 이른바 3국 간섭이다. 5월 4일 일본은
요동반도를 포기, 다음 날 러시아에 이를 통보했다. 전쟁에서
이겼지만, 3국의 요구를 거절할 만한 힘이 일본에는 없었기
때문이다.

승리감에 취해 있던 일본 국민들은 "전쟁에서 얻은 승리를
외교에서 빼앗겼다."며 경악했다. 또 간섭의 주체가 서양의 백
인 국가들이었으며, 전통적으로 위협을 느끼고 있던 러시아가
주도했다는 점에서 충격적이었다. 메이지유신 이후 일본이 줄
곧 추구해온 '서양국가화'가 서양의 백인국가들에 의해 좌절
당한 것으로 황화론의 입장에서 이해하는 경향도 강했다.

한편 3국 간섭에서 맛본 외교적 실패는 그 후 일본 외교를
세련화하는 계기가 되었다. 열강의 이해관계가 첨예하게 대립
하고 있는 제국주의 시대에 있어서 이익의 획득은 직간접적으
로 다른 열강에 영향을 끼치게 된다. 그렇기 때문에 이권의 획
득과 상실은 반드시 당사국의 관계만으로 결정되는 것은 아니
다. 이후 일본은, 적어도 1931년 만주사변 때까지는, 주요 관
계국의 묵인과 지지 속에서 세력을 확대해 가는 매우 신중한
자세를 보이게 된다. 일본이 미국과 영국, 러시아 등의 양해를

얻은 후 한일합방을 단행한 것도 그 때문이었다.

근대 일본을 대표하는 언론인 도쿠도미[德富蘇峰]는 당시의 충격을 "나는 정신적으로 완전히 다른 사람이 되어 버렸다." 고 표현했다. 제2차세계대전 이전의 많은 정치가와 군인들의 전기 등에는 3국 간섭의 충격이 인생을 바꾸었다는 이야기가 많이 나온다. 3국 간섭의 충격은 일본 국민 개인의 인생을 바꿀 만큼 충격이 컸던 것이다. 이때부터 와신상담(臥薪嘗膽)은 일본 국민의 슬로건이 되었으며, 일본 사회의 통합과 국민 동원에 결정적인 요소로 작용했다. 그것은 부국강병에 대한 열망으로 이어졌으며, 러시아에 대한 적대의식으로 나타났다.

그 후 일본은 러시아를 상대로 한 부국강병에 박차를 가하게 된다. 러일전쟁 때까지 연평균 국가 예산의 약 24%를 군사비에 투입하여 병영 국가 체제를 갖추어 가는데, 육군은 청일전쟁 당시보다 3배 이상으로 커졌다. 청일전쟁 당시 평시 병력 5만, 전시동원 병력 20만이었던 것이 1898년에는 평시 15만, 전시 60만으로 늘어났다. 이 숫자는 시베리아 철도가 완공되어 블라디보스토크에 집결 가능한 러시아의 병력을 20만 정도로 가정했을 때, 그에 대항할 수 있는 병력 규모였다. 해군도 10년 동안 2억 엔(당시 1년 예산에 상당하는 금액)을 투입하여 1만 5천 톤급 전함을 중심으로 한 확장 계획을 추진했다. 러일전쟁 때 발틱 함대를 상대로 대활약을 한 미카사, 시키시마, 아사히 등은 모두 이때 건조된 전함들이다.

3국 간섭은 러시아의 주도로 이루어졌다. 1891년에 착공한 시베리아 철도는 국제 관계에 큰 변화를 초래했다. 당시 유럽과 아시아를 연결하는 것은 배를 이용한 바다뿐이었다. 영국은 식민지와 해군력으로 유럽 국가들의 아시아 진출을 제어하면서 아시아에 대한 우월적 지위를 유지할 수 있었다. 이러한 상황에서 유럽과 아시아를 연결하는 시베리아 철도 건설은 영국 중심의 국제 질서에 변화를 가져오게 된다. 특히 철도를 이용한 러시아의 남하 정책(유럽의 동진정책)은 위협적이었다. 영국이 일본에게 관심을 표하고 영일동맹을 체결한 가장 큰 이유는 여기에 있다. 반면에 일본이 요동반도를 차지하게 되면 러시아의 남하 정책은 어렵게 되며, 시베리아 철도의 가치도 반감된다. 러시아가 3국 간섭을 감행하게 된 이유였다.

미국의 중국 진출—서부 개척의 연장

청일전쟁에서 중국이 신흥 소국 일본에게 패함으로써 종이호랑이임이 판명된 후, 열강은 이권 획득을 위해 중국 침략에 뛰어들었다. 1896년 5월 이홍장의 니콜라이 2세 대관식 참석을 계기로 일본에 대항하기 위한 러·청 밀약이 체결되었다. 이를 구실로 러시아는 시베리아 철도가 중국 국경을 우회하지 않고 블라디보스토크에 도달하는 최단거리 루트를 확보해, 철도 건설 후 80년간 경영할 수 있는 권리를 얻었다. 치타-하얼빈-블라디보스토크 노선과 하얼빈-여순·대련 간 철도가 그것이다(동청(東淸)철도라 부르며, 러일전쟁 후 일본에 양도되어 남만주철도(滿鐵)가 된다). 1898년에는 3국 간섭의 대상이었던 요동반도를 조차하고, 하얼빈-여순·대련 간 철도(동청철도 남부지선) 부설권도 획득했다. 이로써 러시아는 만주와 한국으로의 진출 교두보를 마련하고 오랜 염원이었던 부동항(不凍港)도 확보하게 되었다. 반면에 러시아의 시베리아철도 건설, 여순 조차는 만주 및 한국에 대한 일본의 영향력 확대에 결정적 장애가 되었다.

같은 해 독일은 산동반도에서의 독일 선교사 살해 사건을 계기로 청도(靑島)를, 프랑스는 광주만(廣州灣)을 조차하였다. 한편 러시아와 독일, 프랑스의 중국 진출에 대항하기 위해 영국은 위해위(威海衛)와 구룡(九龍)반도를 조차했다.

한편 미국은 1897년 하와이를 합병하고 1898년에는 스페인과의 전쟁에서 승리하여 괌과 필리핀을 획득했다. 이를 계기로 미국은 아시아에 대해 관심을 가지기 시작하는데, 특히 3억의 시장을 가지고 있는 중국 진출에 관심이 컸다. 미국이 중국에 진출하는 데 있어 하와이, 괌, 필리핀은 중국에 도달하기 위한 태평양의 징검다리이며, 미국의 중국 진출은 서부개척의 연장이라고 풍자하는 경우도 있었다. 유럽에 대해서는 먼로주의를 통해 고립주의를 유지하면서 중국을 중심으로 한 아시아에 대해서는 적극적 진출을 모색하는 미국 외교의 이중구조를 잘 보여준다.

미국은 영국으로부터 독립한 경험을 가지고 있었기 때문에 열강의 식민주의에 대해 강한 저항감을 가지고 있었다. 같은 맥락에서 마지막 비식민지 국가로 남아 있는 중국이 열강의 각

축장이 됨으로써 미국 자본이 중국 진출에 방해를 받는 것에 대해서도 강하게 우려했다. 이러한 사정을 감안하여 1899년 9월 존 헤이(J. M. Hay) 국무장관은 중국의 식민지화에 반대하며, 중국에 세력권을 형성하고 있는 열강들은 통상에 대해서는 문호개방과 기회균등을 보장해야 한다는 선언을 하게 된다 (principle of open door and equal opportunity). 이때 천명한 영토 보전과 문호개방(기회균등)의 원칙은 그 후 미국의 외교 이념으로 확립되어 미국의 중국 진출 논리로 작용한다. 동시에 일본의 중국 진출을 견제하는 강력한 외교 수단이 되기도 된다.

너무나 신사적인 군대-의화단사건

청일전쟁 후 열강들은 경쟁적으로 중국에서 철도 부설권을 획득하고 주요 도시와 항만을 조차했다. 조차지를 중심으로 군사적, 경제적 거점을 확보하고, 이를 철도로 연결하는 이른바 점과 선으로 세력권을 형성했다. 러시아는 만주와 몽골, 독일은 황하 연안의 산동, 영국은 양자강 유역, 프랑스는 화남(華南) 지역을 각각 세력권으로 삼았다. 일본도 대만의 대안인 복건성을 중심으로 세력을 확대해 갔다. 수도 북경을 중심으로 한 화북 지방은 다른 지역에 비해 열강의 침략적 행동이 두드러진 곳이다.

이러한 열강의 제국주의적 침략에 대항하는 의화단운동이 1900년 5월 산동성에서부터 시작되었다(중국에서는 구적(仇敵)

운동이라 함). 의화단은 침략의 주구로 비친 크리스트교도에게 박해를 가하고 철도를 파괴하고 북경의 공사관 지구와 거류민 지역을 포위했다. 이러한 반제국주의의 의화단 사건에 편승하여 청국 정부는 북경에 출병해 있던 열강(영, 미, 일, 독, 불, 러시아, 이탈리아, 오스트리아의 8개국)에 선전포고를 했다.

그러나 열강들은 지리적으로 너무 멀고, 자국의 식민지 문제에 묶여 있어 적절한 대처를 할 수 없었다. 영국은 보어전쟁에, 미국은 필리핀 독립운동 진압에 매달려 있었다. 러시아와 일본은 지리적으로도 가깝고 군사적 여유도 있었다. 러시아는 유럽 진출을 차단 당한 상태에서 동방 진출의 호기로 여겼다. 러시아는 건설 중에 있는 동청철도의 보호를 명목으로 만주를 점령했다. 러시아의 남하를 우려한 영국은 일본에게 출병을 요청했다. 3국 간섭으로 중국 진출을 저지 당한 일본에게도 기회였다. "동양의 패권을 장악할 수 있는 단초"로 이용해야 한다는 가쓰라(한일합방 당시의 수상) 육군대신의 주장에 따라 7월 6일 일본은 "대군을 북경에 파견할 수 있는 것은 일본뿐이다."며 출병을 결정했다. 8월 14일의 북경 총공격에 가담한 연합군은 4만 7천 명, 그 가운데 일본군이 2만 2천 명, 러시아군이 1만 374명이었다.

각국 군대는 약탈, 살인, 방화를 일삼았다. 그러나 일본 군대는 상대적으로 매우 절도 있는 태도를 보였다. 일본군의 태도를 보고 어느 연합군 장교는 "일본군은 너무나 신사적이다. 만약에 일본군과 같은 군인들만 있다면 전쟁이 없을 것이다."

고 할 정도였다. 일본으로서는 처음으로 열강과 어깨를 나란히 하는 기회였다. 그것은 그들에게 근대적 군대로 인정받고자 하는 열등감의 표현이었다. 러일전쟁 때 러시아 포로들을 우대한 것도 마찬가지의 의미였다. 유색인종으로서 백인종으로 구성된 연합군의 중심 부대로 참여했다는 데 대한 자부심도 대단했다. 일본은 서양의 제국주의 국가들과 함께 중국의 반제국주의를 탄압하는 데 중심적인 역할을 함으로써, 후쿠자와가 이야기한 "악우를 사절"하고 "서양의 문명국과 진퇴를 같이"하는 탈아(脫亞)를 실현하게 된 데 대한 자긍심도 있었다. 이 사건을 통해 일본은 서양 국가들로부터 그들의 제국주의적 이익을 지켜줄 동양의 '헌병'이라는 별칭을 얻게 되었다. 이것은 일본이 서양 제국주의의 일원으로서 편입되었다는 것을 뜻했다. 또 이러한 사실을 통해 일본은 3국 간섭의 '공포'를 벗고 어느 정도 자신감을 회복하게 되었다.

1901년 9월 북경에서는 11개 참가국(8개국 외에 벨기에, 네덜란드, 스페인의 참가)과 청국 사이에 최종 의정서가 조인되었다. 일본에서는 대표적인 제국주의 외교관으로 알려진 고무라[小村壽太郎] 주 청국 공사가 참석했다. 그는 야위고 키가 작아 각국 대표로부터 '생쥐 공사'로 불렸다. 의정서는 4억 5천만 량의 배상금 외에 관세, 염세(塩稅) 등의 수입에 대한 압류, 외국군의 주둔 등을 규정했다. 이를 통해 중국은 반식민지 상태로 전락했다. 이 의정서에 의해 일본은 천진(天津), 북평(北平), 창여(昌黎) 등에 주둔하게 된다. 이를 '지나(支那) 주둔군'

이라 불렸으며, 그 후 중일전쟁의 도화선이 된다.

한편, 동청철도의 보호를 명목으로 병력을 증강시켜(약 8만 명) 만주를 점령한 러시아는 점령을 계속하면서 만주의 권익을 독점하려는 자세를 보였으며, 한국에 대해서도 영향력을 확대했다. 러시아의 만주 점령에 대해 영국, 미국은 중국의 영토보전의 원칙을 해친다는 이유로 강력하게 비난했다. 일본도 러시아가 조선에 대해 영향력을 확대하는 데 대해 강하게 반발하며 대결 자세를 보였다. 9월 하순 황족으로서 귀족원 의장인 고노에[近衛篤磨]를 중심으로 국민동맹회를 조직해서 러시아에 대한 강경 여론을 형성해 갔다. 이익선인 한반도에 적대적인 러시아 세력이 확대되는 것은 일본의 안전을 위협하는 것이다. 일본의 일부학자들이 러일전쟁을 '조국방위전쟁'이라 부르는 이유는 이 때문이다.

거인과 어린아이 – 러일전쟁

러시아와 일본의 한반도 갈라먹기

시모노세키 조약 제1조에 명시된 '조선의 독립'은 조선에 대한 청국의 영향력을 배제하고 그 공간을 일본이 메우기 위한 것이다. 그러나 3국 간섭을 통한 일본의 위축은 상대적으로 한반도에 러시아 세력의 확대를 가져왔다. 청일전쟁을 통해 한반도에 지배력을 강화하려던 일본의 의도는 무산되었다. 위기감을 느낀 일본은 친 러시아 세력의 중심에 있는 명성황후를 시해한다. 그러나 명성황후의 시해는 반일운동의 고조와 고종의 아관파천(俄館播遷)을 야기하고 일본을 더욱 궁지로 몰아넣었다. 그 이후 일본은 러시아와의 타협을 통해 한반도에서의 세력 만회를 꾀한다. 1896년에 체결된 고무라-웨베르 의정서와 야마가타-로바노프 협정이 그것이다. 이 두 협정을 통해 일본은 한반도에 대한 러시아의 우위를 인정하면서, 최소한의 교두보를 확보하였다.

그 후 1898년 4월에는 니시-로젠 협정이 체결되어 일본의 지위는 강화되었다. 러시아는 3국 간섭으로 청국에 반환된 여순과 대련을 조차하여 시베리아 철도와 연결된 부동항을 얻으려 했다. 이에 대한 일본의 반발을 막기 위해 러시아는 한반도에서 일본의 지위를 어느 정도 인정할 필요가 있었던 것이다. 이 협정에 따르면, 군사 고문 및 재정 고문을 파견할 경우 러·일 양국은 협의를 하도록 되어 있으나, 러시아는 한반도에서의 일본의 경제적 발전을 인정하여 전체적으로 일본의 우위를 묵인했다. 즉, 러시아는 만주에서의 권익 확대를 위해 한반도에서의 일본의 우위를 인정한 것이다.

한편 이 과정에서 일본은 러시아에게 이른바 '만한(滿韓) 교환론'을 제기했다. 만주에 대한 러시아의 지위를 인정하는 대신에 한반도에 대한 일본의 독점적 지위를 보장받는 것으로, 러시아는 만주에서, 일본은 한반도에서 각각의 세력권을 형성하는 교환론이다. 일본과 러시아가 각각 만주와 한반도에 진출할 기회를 차단 당한다는 우려에서 이 계획은 결국 실현되지 않았다. 러시아와 일본은 만주와 한반도를 분리할 수 없었던 것이다. 한국을 둘러싼 러시아와 일본의 관계는 1900년 이후 한국의 중립화 문제와 결부되어 더욱 첨예하게 전개된다.

러시아는 1901년 1월 열강이 공동 보장하는 한국의 중립화안을 일본에 제안했다. 일본은 러시아의 한반도 중립화안은 러시아가 만주에 눌러 앉으면서 한반도로부터 일본 세력을 축출하려는 음모라고 판단하고 이를 거부했다. 특히 만주 대륙으로의 진출을 생각하고 있던 주 청국 공사 고무라 등은 "만주 문제와 관련하지 않고서는 한국 문제를 만족하게 해결할 수 없으며, 러시아가 만주를 중립화하지 않는 한 어떠한 경우에도 일본은 러시아의 제안을 받아들여서는 안 된다."고 강력히 주장했다. 이는 일본이 만주와 한국 문제를 일괄 처리하겠다는 의미로서 '만한 일체론' 또는 '만한 불가분론'이라 한다. 일본에게 있어 만한 교환론이 한반도만을 시야에 둔 것이라면 만한 일체론은 만주까지도 고려한 적극적인 대륙 정책을 표방한 것이라 할 수 있다. 이에 대해 러시아는 한국 문제는 러·일 간의 문제이며, 만주 문제는 러시아와 청국 간의 문제로서 일본이 간섭할 문제가 아니라는 입장에서 일본의 제의를 거절했다. 이러한 양국의 입장은 러일전쟁까지 계속되었다.

러시아는 만주에서의 철병을 거부하고, 한반도에 대해서는 일본과의 협상을 통해 일정한 영향력을 유지하려 했다. 일본도 한반도에 대해서는 독점적 지배권을 확립하고, 나아가 만주에 대해서도 어느 정도의 영향력을 확보한다는 방침이었다. 1903년 6월 23일 어전회의에서는 한반도의 완전한 확보와 만주 문제에 대한 약간의 양보 방침이 결정되었다. 이를 배경으로 같은 해 7월 러시아는 한반도 남부에 대한 일본의 특수 이익을 인정하는 대신 39도선 이북을 중립지대화하는 안을 일본에 제시했다. 일본은 러시아의 제안을 만주에 대한 독점적 지배권을 유지하기 위한 것이라 판단하고 이를 거절했다. 동시에 중립지대를 설치한다면, 이는 한국의 국경을 기준으로 양쪽 50km씩의 지역이어야 한다고 주장했다.

이처럼 일본의 만한 일체론과 러시아와 만한 분리론은 타협점을 찾을 수 없었으며, 결국 전쟁으로 치닫게 되었다.

'자위를 위한 국민적 전쟁'

1904년 2월 4일 오후 어전회의에서 일본은 러시아에 대한 개전(開戰)을 결정했다. 그날 오후 9시 제12사단에 한국 파견 명령이 내려졌다. 다음 날 해군에는 황해의 러시아군에 대한 공격과 육군의 호송 명령이 하달되었다. 2월 8일 인천항에서 양국군의 포격전이 발발하고, 그 다음날 여순항에 대한 일본의 공격으로 양국군의 전투가 본격적으로 시작되었다. 9일에는 러시아가, 10일에는 일본이 선전포고를 했다. 기습 공격을 감행한 일본보다 공격을 당한 러시아가 먼저 선전포고를 하는 이상한 일이 발생한 것이다.

기습 공격으로 전쟁은 일본에 유리하게 전개되었다. 해군은 여순항 봉쇄에 성공했다. 블라디보스토크가 결빙기였기 때문에 러시아 극동 함대의 대부분이 여순항에 집결해 있었던 것이다. 육군은 5월 초 압록강을 넘어 만주의 러시아군을 공격했다. 요새를 구축해 놓은 러시아군을 공격하는 것은 쉬운 일이 아니었다. 남산(南山), 금주(金州) 전투에서는 참가 군인의 12%가 사상을 당할 정도였다. 이 전투에서 사용된 총탄만도 청일전쟁의 1.6배, 포탄은 청일전쟁에서 사용된 숫자와 거의 같았다. 전쟁 시작 반년 만에 포탄이 동이 나 영국과 독일에 긴급 주문을 해야 했고, 포탄이 도착하는 12월까지는 대규모 작전 전개가 힘들었다. 이때 주문한 포탄은 전쟁에 사용된 전체 포탄의 약 43%에 해당했다.

9월의 여순 공략은 가장 치열한 전투였다. 러시아가 발틱함대를 파견하기로 결정함에 따라 일본 해군으로서는 동양 함대의 주력인 여순 함대를 격파해야 할 필요가 절실했다. 여순항은 입구가 매우 좁아 천연 요새와 같았기 때문에 해상공격은 거의 불가능하고 육상공격이 필요했다. 8월부터 11월에 걸쳐 3차에 걸친 총공격 끝에 여순을 공략하기는 했으나, 13만의 병력 가운데 절반에 가까운 약 5만 9천 명의 사상자를 냈다. "병사들의 시체가 산을 덮고, 포탄이 산의 모양을 바꾼", 러일전쟁에서 가장 치열한 전투였다.

1905년 3월에는 봉천(奉天)에서 러·일 양군이 각각 37만 명과 25만 명을 동원하여 최대의 격전을 벌였다(봉천회전). 일본군은 약 7만 명의 사상자를 내고 승리하기는 했으나, 병력과 보급의 부족으로 더 이상 러시아군을 추격하지 못하는 한계상황의 전력을 노정했다. 그리고 예정된 하얼빈 작전을 포기했다. 일본이 만주를 피로 지킨 생명선이라는 관념을 가지게 된 것도 상상을 웃도는 이러한 희생 때문이었다. 봉천회전 직후 야마가타 참모총장은 "러시아군은 본국에 아직 강력한 병력을 유지하고 있으나, 일본군은 이미 전 병력을 사용했다." 는 의견서를 내각에 제출, 전쟁 종결을 재촉했다.

여순 함락과 봉천회전에서의 패배, 그리고 국내에서의 사회주의 혁명 기운의 확산에도 불구하고 러시아 황제와 정부는 발틱 함대에 기대를 걸고 있었다. 발틱 함대는 7개월에 걸쳐 북해, 대서양, 희망봉, 인도양, 중국해를 돌아 1만 6천 해리를 항해했다. 항로의 대부분은 영국 해군의 세력 하에 있었기 때문에 석탄과 물의 보급, 병사들의 휴식 등의 조치를 전혀 취할수 없었다. 일본 해군(연합 함대)은 진해만에서 발틱 함대를 기다리면서 만반의 준비를 하고 있었다. 이때 일본은 러시아 함대의 동태를 살피기 위해 독도와 울릉도에 망루를 설치하고 한국-독도-일본을 연결하는 해저 케이블 설치를 추진했다.

도고 헤이하치로의 지휘함 미카사[三笠]는 1년 사용할 포탄을 10일 동안의 연습 사격에 써버릴 정도로 맹훈련을 거듭하고 있었다. 해전에서 패배하면 보급선이 끊기기 때문에 만주에서의 승리도 무위로 돌아가며 일본 본토도 공격받게 된다. 일본의 운명이 걸린 전투였다. 발틱 함대는 1905년 5월 27일 쓰시마 해협에 들어섰다. 장기간의 항해로 병사들은 지쳐 있고 함정의 상태도 최악이었다. 연습과 정비 부족으로 함포를 발사할 수도 없을 정도였다. 연합 함대의 선제공격으로 전투가 시작되었다. 전투 개시 30분 만에 승패가 갈렸다. 38척의 발틱 함대 중 19척 격침, 5척 나포, 6천 명이 포로로 잡혔다. '동양의 기적'이라 일컫는 이 전투를 레닌은 "이렇게 무참하게 패배하리라고는 아무도 생각하지 못했다."고 했다. 이 '동해(일본해) 해전'은 세계에 일본의 승리를 각인시켰다. 러시아로서도 강화를 생각하지 않을 수 없게 되었다.

러시아의 만주 점령을 비난해온 미국의 주선으로 1905년 9월 5일 뉴햄프셔 주의 작은 도시 포츠머스에서 강화조약이 체결되었다. 러시아는 배상금 지불을 거부했다. 전력을 완전히 소진한 일본으로서는 배상금이 없더라도 강화를 받아들여 전쟁을 끝낼 수밖에 없었다. 더 이상 전쟁을 계속할 경우 패배할 가능성마저 있었다. 정부가 배상금 없는 강화를 체결한 것에 대해 국민들은 반발했다.

러일전쟁은 일본이 예상한 것보다 훨씬 치열했으며 전력의 소모가 컸다. 징병을 확대하고 증세를 통해 전비를 마련했으며, 관세 수입과 담배 전매 이익금을 담보로 미국과 영국에서 외채를 모집하는 등 전쟁 수행을 위해 국내외적으로 필사의 노력을 기울였다. "자위를 위한 국민적 전쟁"이라는 이름으로 국민적 에너지를 총동원했다. 국민에게 정부와 자기의 일체성을 강조하고 동원에 비협조적인 사람들을 '비(非)국민'이라 낙인찍어 거국일치 체제를 만들었다. 전쟁에 따른 내핍으로 생활이 어려워 부인이 도망을 가버린 후 징병 통지를 받은 젊은 아버지들이, 자식과 부모를 생매장하고 입대를 하는 등의 상상할 수 없는 상황도 발생했다. 정부가 배상금 없는 강화를 한 것은 전쟁 기간 중 국민들의 희생의 대가를 인정하지 않는 것과 같았다. 강화조약 체결일부터 3일간에 걸쳐 동경, 요코하마, 고베 등에서 폭동이 일어났다. 고베에서는 이토 히로부미의 동상이 철거되었으며, 승리했음에도 불구하고 가쓰라 내각은 그 다음해 1월에 총사직했다.

러일전쟁에서 일본의 군사적 승리의 가능성은 거의 없었다. 당시 프랑스 일간지에 실린 삽화는 이를 상징적으로 보여준다. 어린아이 크기의 작은 몸집을 한 일본이 한반도에 발을 내딛고 대결 자세를 취한 반면, 거인의 몸집을 한 러시아는 뒷짐을 지고 가소로운 듯 일본을 쳐다보고 있는 장면이다.

그럼에도 불구하고 일본이 승리할 수 있었던 이유로는 우선 1902년 체결된 영일동맹을 들 수 있다. 러시아의 남하 정책을 견제하고 아시아에서의 권익을 지키기 위해 영국은 영광스런 고립을 포기하고 사상 처음으로 일본과 동맹을 체결했다. 영일동맹은 외교, 경제적으로 일본에게 유리한 상황을 제공했을 뿐만 아니라, 군사적으로도 큰 공헌을 했다. 당시 육군의 대포나 소총 등은 거의 국산화를 했으나 군함 등 해군의 주력은 모두 영국제였다. 그리고 영국은 러시아의 흑해 함대와 발틱 함대를 견제하는 등 일본에게 유리한 군사적 환경을 만들어 주었다. 미국도 만주에 대한 문호 개방 정책에 입각하여 일본의 반러시아적 태도에 호의적이었다. 영국과 미국의 이러한 친일적 태도는 청일전쟁의 약 8.5배에 달하는 전비의 반 가까이를 미국과 영국에서의 채권 발행으로 충당할 수 있게 함으로써 일본의 전쟁 수행을 가능하게 하는 데 결정적 역할을 했다. 그렇지 않았다면 일본의 전쟁 수행은 불가능했을 것이라는 데 대부분 의견이 일치한다. 이러한 의미에서 러일전쟁을 영국·미국의 지원을 받는 일본과 프랑스·독일의 후원을 받는 러시아의 충돌로, 즉 제국주의 열강들 간의 전쟁으로 보는 시각도 있다. 그러나 러시아에 대한 독일과 프랑스의 지지는 매우 미약했다.

덧붙여 러시아의 패배는 무엇보다도 신흥 소국 일본을 과소평가했기 때문이다. 니콜라이 2세는 사회주의의 발흥으로 불안정해진 정세를 안정시키기 위한 방편으로 조그만 전쟁에서 승리를 거두는 것도 괜찮으리라는 생각을 지닐 정도로 방심하고 있었던 것이다.

태평양전쟁의 기원-인종전쟁

러일전쟁은 서양 백인의 아시아 진출에 제동을 걸었다는 점에서는 세계사적인 의미를 가진다. 황인종의 승리는 백인종의 우월성에 대한 인식의 변화를 가져오는 계기가 되었다. 백인종의 지배하에 오랜 식민 통치를 경험한 국가들에게 사기를 진작시키는 작용을 한 것도 사실이다. 중국의 쑨원[孫文]은 1924년 11월 28일 고베에서의 '대아시아 문제'라는 연설에서 일본의 승리가 유색인종의 민족주의를 일깨웠다고 강조했다. 이러한 예는 그 외에도 많이 볼 수 있다. 어떻든 당시 유색인종과 약소국가들에게 식민지 해방의 희망을 준 것을 부정할 수는 없다.

실제 러일전쟁 당시 한국의 민중과 지식인도 러시아보다 일본에게 친근감을 갖고 일본의 승리를 위해 적극 협력한 경우가 있다. 한국인들이 일본의 승리를 기대한 데에는 나름의 이유가 있다. 우선 당시 한국인들이 러일전쟁을 인종전쟁으로 인식하고 있었다는 점이다. 이질적인 백인종보다는 동질성을 가진 일본의 승리가 유리하다고 생각한 것이다. 당시 러일전쟁에 대한 인식의 문제도 있다. 전쟁의 원인을 한국 문제가 아니라 만주 문제라고 판단하고 있었던 것 같다. 전쟁을 통해 만주 문제가 해결되면 한국의 독립이 계속 유지될 것으로 생각한 것이다. 청일전쟁을 통해 한국이 형식적이나마 독립을 계속 유지했었던 것과 같은 선상에서의 판단으로 보인다.

한편 러일전쟁에서의 일본의 승리는 백인종에 대한 황인종의 반격이라는 관점에서 황화론의 현실화를 의미했다. 영국과 미국이 여기에 가장 민감하게 반응했다. 러일전쟁 직후 영국은 러시아와 관계 개선에 들어갔으며, 영일동맹의 의미는 상대적으로 축소되었다. 거의 같은 시기 미국에서는 캘리포니아 주를 중심으로 일본인 배척 운동이 본격적으로 전개되기 시작했다. "일본의 승리는 아시아의 서양에 대한 도전의 징조로 여겨졌으며, 태평양의 장래는 동서 세력의 대립에 의해 결정된다고 생각하게 되었다. 캘리포니아 주의 반일 문제는 생활수준이 높은 백인과 생활수준이 낮은 동양인 중 어느 쪽이 세계를 지배할 것인가라는 세계적인 문제의 일부에 지나지 않는다."고 샌프란시스코의 신문이 보도할 정도였다. 이러한 측면에서 일본의 승리는 "유색인종에게 자신감을 주고, 반대로 백인종에게는 시기심을 불러일으켰기 때문에 러일전쟁은 세계 미증유의 인종적 대전란의 예고가 될지 모른다. 일본이 강국이 될수록 일본의 불안도 커지고 타국민의 불안도 커지며, 세계평화는 존재할 수 없게 될 것이다."고 한 도쿠도미(메이지 시대의 언론인)의 예언은 과장이 아니다.

인종주의에 더하여 러일전쟁 후 일본의 대륙(만주) 정책에 대해서도 미국과 영국은 불만이었다. 승리의 대가로 일본은 만주의 러시아 권익을 승계했다. 그리고 전쟁 후에도 만주에서 군정을 계속하는 등 만주에 대한 독점적 지배권을 확립하려 했다. 만주 진출에 의욕을 보이고 있던 열강의 입장에서는 만주의 점령자가 러시아에서 일본으로 바뀐 것에 지나지 않았다. 호랑이를 쫓아내니 늑대가 자리를 차지한 꼴로, 대륙 진출을 노리고 있던 일본에게 그 기회를 만들어 준 셈이었다. 특히 달러라는 경제력을 배경으로(dollar diplomacy) 만주 진출에 의욕을 가진 미국은 일본의 만주 정책을 강하게 비난했다.

미국을 중심으로 일기 시작한 인종주의와 만주 및 중국을 둘러싼 미국과 일본의 이해관계를 둘러싼 갈등은 그 후 지속적으로 미일 관계를 악화시키게 된다. 뒤에서 언급하는 것처럼, 태평양전쟁의 원인이 중일전쟁이며, 중일전쟁의 원인이 만주 문제였다는 점을 생각하면, 만주 문제를 둘러싼 미일 간

의 대립이 결국은 태평양전쟁의 원인(遠因)으로 작용했다는
것을 알 수 있다. 이러한 점에서 러일전쟁은 미일전쟁(태평양
전쟁)을 잉태하는 계기가 되었으며, 러일전쟁을 미일전쟁의 기
원으로 보는 시각도 성립한다.

마지막 제국주의-한일합방

러일전쟁의 승리는 일본에게 새로운 긴장을 초래했다. 러시
아에게 결정적인 타격을 가하지 못한 채 전쟁을 끝냈기 때문
이다. 어떤 의미에서는 러시아에게 러일전쟁은 전면전이 아니
라 국지전의 성격이 강했다. 반면에 일본으로서는 국운을 건
절체절명의 전쟁이었다. 무배상의 강화가 성립된 것도 이 때
문이다. 일본으로서는 '제2의 러일전쟁', 즉 러시아의 복수전
에 대비하는 것이 급선무였다.

한편 러일전쟁을 통해서 일본은 한국과 만주에 대한 권익
도 확보했다. 러시아는 사할린 남부를 할양하고, 청국의 승낙
을 얻어 요동 반도 조차권 및 장춘-여순 간 철도(후에 남만주
철도 주식회사, 만철) 등 만주에서의 이권을 일본에 양도하게
되었다(포츠머스 조약 제5, 6조). 이를 통해 일본은 본격적으로
만주에 진출할 수 있는 기반을 마련하게 되었다. 러시아는 한
국에서의 일본의 정치, 군사, 경제적 우월권과 일본의 한국에
대한 지도, 감리(監理), 보호 조치도 승인했다(조약 제2조). 러
일전쟁 발발 직후 1904년 2월 23일, 한국의 국외 중립 선언에

도 불구하고, 일본은 한일의정서를 강요하여 필요할 경우 한반도에 군사적 시설을 할 수 있게 했으며, 3월에는 한국주차군(駐箚軍)을 설치하여 한국을 군사적으로 장악했다. 5월 31일, 일본 정부는 "한국에 대한 정치, 군사적 보호의 실권을 장악하고 경제적 이익을 확장한다."는 방침을 결정했다. 다음해 4월 8일에는 '한국 보호권 확립에 관한 건'을 각의 결정하고, 제2차 영일동맹 조약(8월 2일) 제3조에서 "한국에 대한 지도, 감리, 보호의 조치를 취할 권리"를 승인 받았다. 7월 29일에는 가쓰라-태프트 각서를 통해 필리핀과의 교환 조건으로 미국으로부터 한국에 대한 특수 지위를 인정받았다.

이러한 일련의 과정을 배경으로 포츠머스 조약 제2조가 성립된 것이다. 이 과정을 살펴보면, 일본이 러일전쟁 기간 중 한국을 보호국화하기 위한 국제적 조치를 면밀히 진행시킨 것을 알 수 있다. 전쟁의 직접 당사자가 아니면서도 한국은 전쟁의 최대 피해자가 되었으며, 러일전쟁은 그 후 한국의 운명을 결정적으로 바꾸어 놓는 계기가 되었다. 당사자가 아닌 제3국끼리의 흥정과 타협의 결과로 국가적 운명이 바뀌는 제국주의 시대의 전형적인 예다. 이를 기초로 11월 17일 이른바 '을사조약'이 체결되고, 한국은 일본의 보호국으로 전락하게 된다(최근 학계에서 을사조약 불성립론이 제기되고 있다). 을사조약은 포츠머스 조약에서 명시하고 있는 한국에 대한 일본의 '지도, 감리, 보호 조치'를 재확인한 것이며, 이를 구체적으로 실현하기 위한 통감부의 설치가 새로이 추가되었을 뿐이다.

러일전쟁을 통해 확립한 한국에 대한 국제적, 국내적 지위를 기초로 일본은 한국 침략을 더욱 노골적으로 진행했고, 1910년 8월 29일 한일합방을 단행한다. 한일합방으로 일본은 대륙 국가가 되었으며, 식민지 획득으로 명실상부한 제국주의 국가의 일원이 되었음을 국내외에 과시하게 되었다. 비로소 일본은 열강으로부터 대등한 국가로 인정받은 것이다. 이러한 측면에서 메이지유신 이후 일본이 추구해 왔던 독립국가는 한국의 식민지를 조건으로 하고 있었다고 할 수 있다. 한일합방 1년 후인 1911년에 일본이 열강과 맺은 불평등 조약을 완전히 해소하게 되는 것은 이를 말해준다. 그러나 몇 년 후 제1차 세계대전에서 윌슨 대통령의 민족자결주의가 상징하듯, 이미 제국주의 시대는 해체 과정에 있었다. 일본은 제국주의의 길을 간 최후의 제국(帝國)이었던 셈이다.

결론적으로 메이지유신 직후의 정한론은 청일, 러일전쟁을 거치면서 한일합방을 귀결점으로 자기 완결성을 가진다. 이 과정을 통해 일본은 국제적으로는 '독립국가 일본'을 완성했고, 군사적으로는 주권선을 한반도로 확대하고 만주를 새로운 이익선으로 편입시켰다. 조선 총독은 육해군의 대장으로 천황이 직접 임명하며, 조선에 있는 육해군의 통솔권을 가진다. 조선에 철저한 군부 체제를 확립한 것은 군사력으로 새로운 이익선을 확대하기 위한 조처였다. 군부에게 한일합방은 식민지 획득 이상의 의미를 갖는다. 또 한일합방은 아시아인들에게 일본의 아시아(연대)주의가 아시아 침략주의임을 분명히 하는 계기가 되었다.

태평양으로, 만주로-제국의 분열

러일전쟁 때까지 일본은 한반도에 대한 지배권의 확립, 불평등조약 개정을 통한 국가적 독립의 달성이라는 명확한 목표가 있었다. 이를 위해 군사적으로는 청국과 러시아라는 명확한 가상 적국이 존재했다. 러일전쟁의 승리를 통해 일본은 위의 목적을 어느 정도 달성했다. 이를 배경으로 1907년 「제국국방방침」이 처음으로 확정되었다. 그 후 1918년, 1923년, 1936년의 3차에 걸쳐 개정되었으며, 일본 군사 정책의 기본이 되었다. 1907년의 제국국방방침에는 육군은 러시아를, 해군은 미국을 각각의 가상 적국으로 설정하고 있다. 육군은 전시 50개 사단(평시25개 사단), 해군은 전함 8척과 장갑순양함 8척으로 구성되는 8·8함대를 3대(隊)로 편성하는(합계 48척) 대해군을 구상하고 있었다. 같은 해 2월에는 군이 내각(수상)의 간섭을 받지 않고 천황의 직접명령을 받도록 하는 군령 제1호가 공표되었다. 이를 '통수권 독립'이라 하며, 이를 통해 군은 어떠한 정치 세력으로부터도 독립된 천황의 군대(皇軍)로서의 지위를 확립하고 상대적으로 다른 정치 세력에 비해 우월한 지위를 확보하게 되었다. 일본이 군국주의화하는 정치적 구조를 여기에서 찾을 수 있다.

그러나 제국국방방침에서 육군과 해군이 서로 다른 가상적국을 상정하고 있듯이 러일전쟁 후 일본은 군사적으로 목표가 명확하지 않았다. 육군의 대륙 정책과 해군의 해양정책으로 분열된 것이다. 육군과 해군의 서로 다른 지향점은 태평양전쟁이 끝날 때까지 지속되며, 군사적 통합력을 상실하고 육군과 해군이 경쟁적으로 군비를 확장하는 분열적 양상을 보이기도 한다. 제국의 군대·천황의 군대가 되자마자 분열이 시작된 것이다. 이는 해군과 육군이 각각 창설 당시부터 메이지유신의 두 라이벌 세력인 사쓰마 번과 쵸슈 번을 중심으로 형성되었기 때문이기도 하다. 육군은 야마가타[山縣有朋]의 야마구치(쵸슈 번) 출신이 중추를 담당하고, 해군은 사이고[西鄕從道]의 가고시마(사쓰마 번) 출신이 핵심을 이루었다.

메이지유신 이후 일본 육군의 지향점은 대륙으로의 팽창이었다. 육군 주도로 이루어진 청일, 러일전쟁도 그 한 과정이었다. 러일전쟁 말기가 되면 육군은 만주에 대한 구상을 구체화한다. 의화단 사건 후 중국에 주둔하게 된 천진군(後에 지나주둔군) 사령관 센바[仙波太郎]는 만주에 '신일본'을 건설해야 한다고 보고했으며, 북경 주재 공사관 무관 아오키[靑木宣純]도 만주의 방위는 일본이 맡아야 한다고 적고 있다. 나아가 참모본부에서 국방방침을 입안하고 있던 다나카[田中義一, 後에 육군대장, 수상이 됨]는 일본은 "섬나라를 탈피하여 대륙 국가가 되어 국운을 신장해야 한다. 조선과 남만주는 이러한 대륙 국가의 중요 부분이며, 동시에 청국으로 일본의 국리국권(國利國權)을 신장시키는 것은 (중략) 일본 제국의 천부(天賦)의 권리이다."라고 강조하고 있다. 이들의 의견은 만주국 건설을 예견하고 있는 듯하며 '만주 경영'을 기정사실화하고 있다.

한편, 해군은 육군과는 완전히 다른 방향에서 일본의 진로를 전망하고 있었다. 청일, 러일전쟁으로 동아시아에서의 해양 주도권을 장악한 해군은 태평양으로 서진(西進)하고 있는 미국 해군을 가상 적국으로 삼게 되었다. 태평양으로 팽창해 오는 미국의 해군으로부터 어떻게 일본을 방어하는가가 일본 해군의 기본 방침이 된 것이다. 해군의 이 구상은 일본을 해양 국가화하려는 데서 출발한다. 일본 해군의 전술과 사상에 큰 영향을 끼친 사토[左藤鐵太郎] 대령은 "지금 일본은 세계적으로 발전해야 할 시기이다. (중략) 세계적 발전은 반드시 해양적 발전이어야 한다."고 하면서 해군의 육성을 통한 태평양으로의 진출을 강조했다.

육군과 해군이 서로 다른 지향점을 달리고 있듯이, 러일전쟁 후 일본은 줄곧 추구해온 목표를 달성함에 따라 일종의 목표 상실에 빠졌다. 이와 같은 현상은 사회적으로도 마찬가지였다. 과다한 전비는 국민의 세금 부담을 증가시켜, 러일전쟁 후의 세금부담률은 청일전쟁 전의 약 4배나 되는 등(이 기간 동안 1인당 소득은 1.5배 증가), 전쟁의 결과는 오히려 국민들의 궁핍을 가져왔다. 이를 배경으로 천황제와 대극에 있는 사회주의 및 무정부 운동도 이 시기에 본격화하게 된다.

천우신조 ─ 제1차세계대전과 일본

서양의 전쟁과 21개조 요구

1914년 7월에 발생한 오스트리아·헝가리와 세르비아의 전쟁은 세계대전으로 비화, 유럽을 전쟁의 도가니로 몰아넣었다. 열강은 유럽에서의 전쟁을 위해 중국으로부터 군대를 철수했다. 그들의 거점이었던 상해와 천진 등은 일시에 세력 공백 상태가 되고, 중국에는 전쟁과는 직접 관련이 없는 미국과 일본만이 남게 되었다.

전쟁 발발과 함께 초대 외상이었던 이노우에[井上馨]는 "이번 유럽에서의 전쟁은 일본의 국운 발전을 위한 다이쇼[大正] 신시대의 천우(天佑)"의 기회임을 강조하며, 오쿠마[大隈重信]

수상에게 참전을 독려했다. 열강이 빠져나간 힘의 공백을 이용해 중국 등 아시아에 대해 영향력을 확대하려는 의도에서였다. 8월 23일 일본은 영일동맹을 구실로 참전을 결정, 독일에 선전포고를 했다. 육군은 독일의 조차지 청도(靑島)를 점령했다. 해군의 연합 함대는 남태평양의 독일령 – 마리아나, 카롤라인, 마샬군도 등 – 을 점령하여 남서태평양의 제해권을 획득했다. 청도 점령은 산동성으로 세력 확대를 가능하게 해줌으로써 중국 문제 해결에도 도움이 되는 조치이며, 마샬군도 등의 점령으로 미국의 태평양 횡단 루트를 차단할 수 있게 했다. 이러한 의미에서 일본의 참전은 독일 세력의 구축이 아니라, 새로운 팽창의 교두보를 확보하는 것이다.

이를 배경으로 1915년 1월 중국에 대해 21개조에 달하는 방대한 요구를 강요했다. 남만주와 동부 내몽골에 관한 권익(일본인의 거주 왕래의 자유, 토지소유권 등), 여순 및 대련·만철·안봉선에 대한 조차권의 99년간 연장, 중앙정부의 정치·재정·군사에 관한 일본인 고문 초빙, 중일 공동의 지방 경찰 등이었다. 이러한 일본의 요구에 대해 위안스카이[袁世凱]는 "중국을 식민지화하려는 것"이라고 했으며, 동맹국인 영국의 조던 주 중국 공사마저 "일본의 중국에 대한 행동은 독일이 벨기에에 행한 것보다 훨씬 나쁘다."고 평할 정도로 가혹한 것이었다. 일본은 열강이 유럽에서 전쟁에 몰두하고 있는 공백을 이용해 만주를 지배하려는 야욕을 드러낸 것이다.

일본의 행동에 대해 중국 진출을 기대하고 있던 미국은 중국의 영토보전과 기회균등의 원칙을 내세워 강력히 반발했다. 러일전쟁 후 일본의 만주 독점에 대해 미국이 반발한 것과 같은 맥락이었다. 미국 국내에서도 반일 분위기가 형성되었다. 미국의 이러한 반일 분위기를 배경으로 중국은 강력히 반발했으나 고문 초빙 및 공동 경찰 등의 요구를 일본이 '양보'하는 형태로 끝내 굴복했다. 그러나 21개조의 요구를 통해 러일전쟁 후 형성되기 시작한 중국을 둘러싼 미국과 일본의 대립은 더욱 구체화되었으며, 중국과 미국의 관계는 상대적으로 더욱 강화되었다. 일본과 영국의 관계도 소원해지는 계기가 되어, 영일동맹의 가치도 변화하기 시작했다.

전쟁과 부흥

단기전으로 끝날 것 같던 전쟁은 장기화되었다. 전차와 수류탄, 독가스 등의 새로운 대량 파괴 무기가 등장하는 소모전이 전개되고, 민간인과 전투원이 구별되지 않는 전국민적 총력전의 양상을 띠었다. 대량 소모전을 동반한 전쟁은 승패와 관계없이 전쟁 당사국들을 피폐하게 만들었으며, 제1차세계대전은 문명의 선두로 자처하고 있던 '서양의 몰락'(슈펭글러)을 가져왔다. 전쟁에서 한발 비켜서 있어 피해가 전혀 없었던 비유럽 국가 미국과 일본이 태평양을 사이에 두고 국제 사회에서 본격적으로 발언권을 높이게 되었다. 일본이 세계 5대 강국의 일원으로 인정받게 되는 순간이다.

파리강화회의에 일본이 제출한 요구는 3가지로 요약할 수 있다. 독일 점령지였던 태평양 상의 남양제도 처분 문제, 중국의 산동성 이권 계승 문제(21개조 요구), 인종차별 철폐 문제 등이다. 남양제도는 일본의 위임 통치를 인정받았으며, 산동성의 이권은 중국의 반대에도 불구하고 거의 그대로 승인되었다. 이는 5·4운동의 불씨를 제공했다.

일본이 인종차별 문제를 제기한 이유는 러일전쟁 이후 일기 시작한 미국을 중심으로 한 일본인 이민 배척(1907년 미국 연방 이민법은 미국 본토 이외를 경유한 일본인 이민의 배척을 규정) 문제를 해결하고, 국제 연맹이 백인 중심, 즉 반유색인종의 장(場)이 되는 것을 방지하기 위해서였다. 유색인종으로서 백인 중심의 국제 무대에서 활약하게 된 일본이 느끼는 인종적 열등감의 표현이다. 연맹 창설에 의욕을 보이고 있던 윌슨은 연맹 창설을 위해 일본의 요구를 받아들였으나, 미국 의회는 강하게 반대했다. "연맹은 일체의 국제 분쟁을 해결할 권한이 있다. (중략) 그러나 어떠한 나라도 국경 내에 들여놓고 싶지 않은 인간의 입국을 거절할 권리가 있다."는 것이 그 이유였다. 이는 연맹 창설에 주도적인 역할을 하고서도 의회의 반대로 미국이 연맹 가입을 못하는 결정적 계기로 작용했다. 다른 국가들의 반대도 심해 일본의 주장은 반영되지 못했다. 인종문제는 20여 년이 지난 태평양전쟁 때 일본이 황인종의 아시아를 주창함으로써 새로운 형태로 부각된다.

제1차세계대전은 러일전쟁에서 얻지 못한 부분을 보충이라도 해주듯 일본에게 많은 이권을 안겼고, 부흥의 계기를 마련해주었다. 제1차세계대전으로 일본의 수출 시장은 비약적으로 확대되었다. 전쟁당사국 유럽으로부터는 군수물자 주문이 쇄도했으며, 유럽 국가들의 수출이 두절된 아시아·아프리카 국가들은 일본의 수출 시장으로 변했다. 전쟁 경기로 인한 미국 국내 시장의 소비 증가도 일본의 미국 수출을 도왔으며, 중국 시장 역시 일본의 독무대였다. 1914년에 약 6억 엔 정도이던 수출이 1919년에는 약 21억 엔이 되어, 전쟁 4년 만에 14억 엔의 수출 증가를 보였다. 전쟁으로 인한 선박 부족과 적재 화물의 증가 등으로 무역 외 수입도 전쟁 4년 만에 14억 엔의 흑자를 보였다. 전쟁 전 러일전쟁의 외채로 인해 채무국이었던 일본은 1919년에는 27억 엔의 채권국이 되었으며, 기업의 투자율도 16.2배가 늘었다.

덧붙여 일본은 다른 나라와는 달리 전쟁과 경제가 매우 깊은 관련을 가진 나라다. 청일전쟁에서 얻은 엄청난 배상금으로 산업 발전을 도모했고, 러일전쟁 때는 배상금은 없었으나 조선과 만주 등 해외 시장을 확장할 수 있는 계기를 마련했으며, 제1차세계대전을 통해서는 엄청난 자본을 축적할 수 있었다. 이러한 경향은 전후에도 마찬가지다. 일본은 한국전쟁의 특수(特需)로 전후 복구와 성장의 발판을 마련했으며, 월남전을 통해서 1960년대의 고도성장을 구가할 수 있었다.

워싱턴 체제-태평양을 사이에 둔 미국과 일본

　제1차세계대전은 열강간의 역학 구도에 큰 변화를 가져왔다. 영국과 독일이 몰락하고, 미국과 일본이 강국으로 부상했다. 러시아가 몰락하고 공산주의 소련이 새로운 세력으로 등장했으며, 이에 대항하는 형태로 미국의 민족자결주의와 평화주의, 공개 외교 등이 국제 사회의 새로운 기본 원리로 작동하기 시작했다. 제국주의 국제 체제가 붕괴한 것이다. 이러한 새로운 국제 질서를 구체화한 것이 1919년 6월의 베르사유 조약이다(베르사유 체제). 이와 같은 유럽의 변화에 대응해 동아시아·태평양 지역에 새로운 국제 질서를 확립하기 위해 미국의 제창으로 성립한 것이 워싱턴회의(1921년 11월~1922년 2월)다. 이를 통해 성립한 아시아·태평양에서의 새로운 국제 질서를 워싱턴 체제라 한다.

　워싱턴회의는 태평양에서 새로운 중심 세력으로 부상한 미국의 주도로 이루어졌다. 만주 정책과 21개조 요구 등을 통해 미국은 열강 중에서 일본에 가장 비판적이었다. 그럼에도 일본은 미국의 초청에 응하지 않을 수 없었다. 미국에 대항할 수 없었으며, 영국이 쇠퇴한 상황에서 미국과의 협조는 불가피했기 때문이다. 태평양을 사이에 두고 영국을 대신하여 미국과 일본이 축이 되는 아시아의 새로운 질서가 모색된 것이다.

　회의에서는 미국에 의해 중국에 대한 영토보전의 원칙과 기회균등의 원칙이 재확인되었다. 그 결과 일본은 만주에서의 특수 지위는 어느 정도 인정받았으나, 21개조 요구로 획득한 산동성의 철도와 구독일령 조차지(대련 등)를 중국에 반환해야 했다. 그리고 워싱턴회의에서는 미·영·일의 해군 주력함의 총 톤수를 5·5·3으로 제한하는 군축에 합의했다. 이를 통해 일본은 메이지유신 이후 처음으로 군축을 실시하여, 해군뿐만 아니라 육군도 6만 명 삭감하는 조치를 취했다(삭감 규모는 전체 병력의 4분의 1에 해당). 이처럼 워싱턴회의는 메이지유신 이후 일본이 줄곧 추구해온 군사적 발전주의에 제동을 걸고, 중국에 대한 독점적 지배를 불가능하게 했다. 일본은 대외정책의 일대 전환을 요구받은 것이며, 군부의 불만이 컸다.

군부의 워싱턴 체제에 대한 불만은 그 후 일본의 대내외 정책을 크게 좌우하는 요인으로 작용한다. 특히 미국에 대항하기 위해서 적어도 10·10·7의 비율은 유지해야 한다는 해군의 주장은 일본 군부가 기성 민간 정치 세력에 대해 불만을 품는 계기가 되었다. 그러나 워싱턴 체제가 일본의 군사적 팽창을 저지하는 역할을 어느 정도 한 것도 사실이다. 10년을 주기로 발발했던 일본의 침략 전쟁이 1920년대에는 없었다. 국내적으로도 정당 정치가 활성화되고 선거권이 확대되는 등 정치, 사회적 민주화가 진전된다. 이른바 다이쇼 데모크라시(Taishou Democracy)이다.

이러한 워싱턴 체제는 1920년대 후반 서서히 붕괴되어 간다. 워싱턴 체제는 제1차세계대전 후 아시아에 새로운 질서를 수립한다는 의미가 강했으나, 중국과 소련의 존재가 완전히 무시된 체제였다. 그러나 1920년대 후반에 들어와 장제스가 주도하는 국민당 정부가 민족주의를 배경으로 북벌을 진행하여 1928년이 되면 중국 전체를 통일하게 된다. 이러한 중국의 변화는 만주에 있는 일본의 권익을 위협하기에 이른다. 소련 역시 1917년 소비에트혁명 이후 중공업을 중심으로 한 급속한 공업화를 이룩하면서, 일본의 만주 권익을 압박하게 된다. 워싱턴 체제에서 상정하지 않았던, 중국과 소련이 새로운 세력으로 부상한 것이다.

이러한 아시아에서의 세력 변화와 더불어 1930년에는 전년도에 발생한 세계대공황을 배경으로 미국 주도하에 이탈리아, 프랑스, 일본이 참가한 군축회의가 열렸다(런던군축회의). 워싱턴회의에서 합의한 주력함의 보유 제한은 각국의 보조함 경쟁을 불러왔는데, 대공황 이후 군축의 필요성이 제기되고 있었던 것이다. 회의에서는 일본의 보조함 총 톤수를 미국의 6할 9푼 5리로 제한했다. 이에 대해 해군을 중심으로 한 군부의 강한 불만이 분출했다. 워싱턴회의에서도 일본은 목표였던 미국의 7할을 달성하지 못했는데 이번에 다시 그것이 반복되었기 때문이다. 군부가 미국의 7할을 목표로 삼고 있는 이유를 회의의 전권대표 와카츠키[若槻禮次郎, 전 수상]는 다음과 같이 설명했다. "7할이라면 일본이 미국을 공격하는 것은 불가능해도 미국으로부터 공격을 받을 경우 일본 측에도 다소의 찬스가 있을 것이다." 다시 말하면 대미 7할의 군비는 일본 방어를 위한 최소한의 군비라는 의미다. 거꾸로, 대미 7할에 못

미치는 군비는 일본의 안전에 중대한 위협을 가져오게 된다는 것이 해군의 논리였다. 해군은 런던군축회의의 결과를 충격으로 받아들이고, 국민들의 위기의식을 증폭시켰다. 군축을 주도한 민간의 정당 세력에 대한 불신도 커졌다. 이 무렵부터 군부는 청년 장교들을 중심으로 "쇼와[昭和] 유신"이나 제2의 유신을 부르짖게 된다. 군부의 반대에도 불구하고 추밀원에서 군축조약을 가결시킨 하마구치 수상은 2주 후 1930년 11월 14일 동경역에서 저격당했다.

한편 1929년 미국에서 시작된 공황은 일본에도 심각한 영향을 끼쳤다. 이러한 상황에서 일본 정부는 금 수출 해금(解禁)을 통해 금본위제로 복귀하고, 강력한 디플레이션 정책을 폈다. 이것은 15%의 엔화 상승을 가져와 수출을 어렵게 하는 등 공황을 더욱 증폭시켰다. 특히 농산물의 가격 폭락은 농촌 경제를 피폐하게 만들어, 소작쟁의가 빈번하게 발생했다. 방직공장에 딸을 팔기 위해 도시로 향하는 아버지의 행렬도 줄을 이었다. 도시 역시 실업자가 넘쳐났다. 젊은이들 사이에는 "대학은 졸업했지만……."이라는 말이 대유행을 했다. 이러한 경제적 상황의 악화는 워싱턴 체제하에서의 군비 삭감, 정당 정치를 중심으로 한 국내 민주주의의 진전, 미국 등 열강과의 경제 협력을 통한 국가 발전이라는 구도를 완전히 붕괴시키는 계기가 되었다. 워싱턴 체제의 붕괴와 함께 일본은 또다시 군사적 팽창주의로 회귀하게 된다.

만주는 일본의 생명선 - 만주사변

관동군의 음모

이상을 배경으로 1931년 9월 18일 심양 부근의 남만주 철도 폭파 사건이 발생했다(유조호(柳條湖)사건). 철도 보호를 위해 주둔하고 있던 관동군(關東軍)의 음모였다. 관동군은 만주의 중국군(주로 장학량(張學良)의 군대)에 대해 무차별 공격을 가했다. 21일에는 조선군이 압록강을 넘어 가세했으며, 10월 8일에는 장학량 정부가 있는 금주(錦州)를 공격했다. 정부와 군 수뇌부의 동의 없이 시작된 만주사변에 대해 정부는 전쟁의 불확대 방침을 밝히기는 했으나, 관동군의 행동을 제어하지는 못했다. 제2차 와카츠키 내각은 총사직했다.

관동군은 1932년 1월 3일에는 금주를 함락시키는 등 만주 전체를 군사 점령했다. 중국의 소극적인 저항으로 비교적 짧은 기간에 전쟁은 끝나고, 3,100명의 사상자가 났을 뿐이다. 전투의 일방적인 진행은 그 후 일본이 중국 본토에 대한 침략 전쟁(중일전쟁)을 일으키는 하나의 계기를 제공한다. 동시에 관동군은 11월 8일 천진(天津)에서 폭동을 일으켜 청조의 마지막 황제 선통제 푸이[溥義]를 만주로 데려왔다. 관동군은 '만주 인민의 자발적 조치'라는 형태로 3월 1일 '만주국' 건국을 선언케 했고, 9일에는 푸이가 집정(執政, 2년 후 황제)에 취임했다. 면적 120만 평방킬로미터, 인구 3천 4백만의 인류 역사에 보기 드문 국가 아닌 '국가'가 만들어진 셈이다.

푸이는 집정 취임 다음날, 관동군 사령관 앞으로 서한을 보내 만주국과 관동군의 관계를 다음과 같이 정리했다. (1)만주국의 국방, 치안을 일본에 위탁(경비는 만주국 부담), (2)일본군이 필요로 하는 철도, 항만, 항공로 등의 관리와 부설을 전부 일본에 위탁, (3)일본인을 만주국 관리로 임용하고, 관동군 사령관이 추천권과 해임 동의권을 가진다. 만주국은 오족협화(五族協和: 만주족, 조선족, 한족, 몽골족, 회족의 평화)를 슬로건으로 하고 있으나, 실질은 관동군 사령관이 모든 권한을 가진 관동군의 국가였다. 만주국을 '가짜 국가', '괴뢰국가'라 하는 이유가 여기에 있다.

만주의 특수 권익

그러면 정부의 반대에도 불구하고 관동군은 왜 만주사변을 일으켰으며, 만주국을 건설했는가? 먼저 만주사변의 원인을 살펴보자. 다양한 설명이 가능하지만, 1920년대 워싱턴 체제 하에서 만주 경영에 대한 불만 축척을 들 수 있다. 군부를 비롯해 일본은 러일전쟁 이후 만주에 대해 특별한 인식을 가지고 있었다. 만주에 대한 지리적 인접성, 특수한 역사·정치·경제적 관계를 이유로 다른 나라에 비해 특별한 지위를 인정받아야 한다는 '만주특수권익론'이 그것이다. 또 만주는 러일전쟁에서 "20만 명의 장병이 피를 흘려 얻은 곳"이며, "조선의 식민지 지배를 위해서 꼭 확보해야만 하는 지역"으로서 경제적, 군사적으로 일본 제국의 생명선과 같았다(만주생명선론).

그런데 워싱턴 체제하에서 중국의 민족주의가 성장하면서 만주에 대한 이권 회수 운동이 활발해지고, 또 소련의 공업화 성공으로 만주의 안전이 위협을 받는 상황이 형성되면서 일본의 만주 경영이 전체적으로 위기에 처하게 되었다. 구체적으로는 일본의 대표적 만주 권익인 상조권(商租權)과 만철이 위협을 받았다. 21개조 요구로 확보한 상조권은 당사자 간의 자유 계약에 의한 토지 임차를 의미하나 실질적으로는 만주에서 일본의 토지소유권과 거의 같은 것으로 일본인의 만주 진출의 기초였다. 그러나 중국은 일본인에게 토지를 상조하는 자를 매국노로 취급하는 등 이를 허용하지 않았다.

만주 권익의 핵심인 만철(철도 부속지 및 철도의 이익을 위해 운영되는 탄광 등을 포함)도 상황이 마찬가지였다. 1905년 12월에 체결된 「만주에 관한 청일 조약」 부속 약정 제3항에는 만철의 이익을 해하는 병행선의 부설을 금지하고 있었으나 '병행선'의 의미가 애매하여 철도 건설을 둘러싸고 중일 간에 끊임없는 갈등이 있었다. 중국은 1920년대 후반 만주 개발을 위해 만철을 포위하는 형태로 철도를 건설하여, 만철을 무력화시키려 했다. 타통선(打虎山-通遼)과 길해선(吉林-海龍)은 만철의 영업에 치명적이었다.

이러한 위기 상황을 배경으로 관동군의 젊은 장교를 중심으로 워싱턴 체제의 축인 미국을 상대로 한 세계 전쟁을 불사하고라도 만주 문제를 해결해야 한다는 강경론이 등장한다. 이러한 그들의 주장은 국내의 경제적 피폐를 탈출하는 한 방편으로 이해되기도 했다. 또 소련의 위협에 대비하기 위해서는 소련이 더 강해지기 전에 만주를 영유(領有)해야 한다는 군사적 사고도 그들을 지배하고 있었다.

다음으로 만주국 건설에 대해 살펴보자. 만주국은 중국의 일부를 분리하여 별개의 국가를 건설한 것이다. 일정 지역에 대한 점령이나 병합은 제국주의 시대에 볼 수 있는 현상이기는 하나 별개의 국가를 건설한다는 발상은 매우 특이하다. 관동군이 이러한 발상을 하게 된 이유는 무엇인가? 만주사변에 즈음하여 관동군은 만주 문제에 대한 국제적 간섭을 가장 우려했다. 특히 워싱턴 체제를 구성하고 있는 1922년의 9개국조약(중국의 주권 및 영토보전 존중)과 1928년의 부전(不戰)조약 (국가 정책으로서의 전쟁을 부인)을 근거로 한 열강의 개입 가 능성을 우려했다. 이를 해결하기 위한 방법으로 중국과 별개 인 새로운 국가-'만주국' 건설이라는 방법을 택한 것이다.

1932년 1월 육군, 해군, 외무성의 3과장급 간에는 "만몽 정 권 문제에 관한 시책은 9개국조약 등과의 관계상 가능한 한 지나(중국)측의 자주적인 발의에 기초하는 형태로 하는 것이 가능하다."는 방침이 결정되었다. 만주인들에 의한 자발적 분 리 작용으로서의 만주국 건설이라는 형태를 통해, 미국이 제 창한 민족자결주의를 원용하여, 미국의 개입을 차단한다는 논 리이다. 그러나 만주국은 영토보전과 기회균등이라는 미국의 외교 이념을 송두리째 무시한 것으로 만주사변을 계기로 미국 과 일본은 결정적인 대립 관계를 형성하게 된다.

세계를 등지다-국제연맹 탈퇴

만주국 건국은 중국과의 타협의 여지를 완전히 없애버렸다. 중국은 일본에 대해 결사항전의 의지를 다지게 된다. 이를 고 려하여 이누카이 내각은 군부를 중심으로 한 만주국 건설에 반대했다. 그는 중국의 종주권하에 만주자치국을 세워 중국과 일본이 합작하여 만주를 개발한다는 구상을 가지고 있었다. 그러나 이누카이 수상이 1932년 5월 15일 해군 중위 야마기 시의 손에 살해되어 그의 구상은 실현되지 못했다(5·15사건).

연이은 암살 사건으로 정당 중심의 민간 정치 세력은 더 이상 정치적 역할을 하기가 어려워졌다. 이누카이 내각은 마지막 민간 정당 내각이었다. 그 뒤를 이어 군 출신의 사이토(해군대장, 1919~1927년 조선총독 역임)가 수상이 되었으며, 이후 일본은 군부 중심의 정치가 이루어진다. 5·15사건을 접한 주일 미국 대사 그루(Joseph C. Grew)는 "일본 군부는 고삐를 풀고 파시즘 정체를 향하여 돌진하고 있다."고 기록하였다.

사이토는 취임과 동시에 군부의 의향을 받아들여 외무대신에 우치다 만철 총재를 임명하고, 만주국을 승인했다. 그리고 관동군 사령관이 만주국대사, 관동장관(關東長官; 여순에 설치한 관동주(關東州)의 일본 통치기관의 장)을 겸임하도록 하여, 관동군 중심으로 만주 정책의 일원화를 꾀했다. 8월 25일 우치다는 중의원에서 "나라가 초토화되더라도 만주국을 승인한다."고 밝혀 열강과의 대결 자세를 분명히 했다.

한편 만주사변이 발발하자 중국은 9월 21일 국제연맹에 제소했다. 다음날 미국은 만주사변에 대한 모든 책임은 일본에 있다고 통고하고, 다음해 1월 7일 만주의 새로운 사태에 대한 불승인 방침을 밝혔다(스팀슨 독트린). 국제연맹 이사회는 1931년 12월 10일 만주사변에 대한 실지 조사단 구성을 결의하고 영국의 릿튼(Victor A. G. B. Lytton) 백작을 위원장에 임명했다. 약 4개월의 조사를 거쳐 10월 1일 보고서가 제출되었다(Report of Lytton). 보고서에는 만주국이 중국의 주권 존중을 규정한 9개국조약에 위반되며, 만주를 중국으로부터 분리시키는 것은 불가능하다는 인식이 담겨 있다. 그러면서 현상 존중의 의미에서 만주를 일본과 중국을 포함한 열강의 공동관리하에 둘 것을 제안했다. 이는 중국으로부터 만주를 분리하려는 일본의 기본 방침과는 배치되는 것이었다.

1933년 2월 24일 릿튼 보고서가 국제연맹 총회에서 42대 1(일본만 반대)로 채택되자 마쓰오카[松岡洋右] 전권 대표는 총회장을 박차고 나왔다. 3월 27일 일본은 국제연맹 탈퇴를 정식 통고했다. 이로써 일본은 국제 사회와 결별하게 되었으며, 국제 사회의 공적(公敵)으로 낙인찍히게 되었다. 메이지유신 이후 영국과 미국 등 열강과의 관계 틀 속에서 조심스럽게 제국주의의 길을 걸어온 일본은 연맹 탈퇴를 계기로 세계를 등지게 되었다. 국제적 고립으로 일본이 더욱 돌출적인 행동을 할 가능성은 커졌다. 그 후 일본을 따라 이탈리아와 독일이 연맹을 탈퇴했다. 이로써 연맹의 기능은 사실상 마비되었다. 그런 의미에서 일본의 탈퇴는 국제연맹 붕괴의 선구적 역할을 한 셈이다.

일본의 침략 행위에 대해 각국은 국제연맹을 통해 비난을 하기는 했으나, 실력 저지의 행동을 취하지는 않았다. 경제 공황으로 각국의 국내 사정이 어려웠기 때문이다. 이러한 미온적 태도는 그 후 일본의 침략을 더욱 부채질하는 요소로 작용하며, 일본은 만주국을 발판으로 중국에 대한 침략을 더욱 노골화하게 된다.

장제스를 응징하라 - 중일전쟁

아시아 먼로주의

국제연맹 탈퇴는 일본이 서양 중심의 국제 질서에서 아시아로 회귀하는 것이며, 이때부터 일본은 본격적으로 아시아주의를 주창한다. 메이지유신 이후 줄곧 서양을 향해 달려가면서 아시아 침략을 정당화했던 일본이 이제는 거꾸로 서양을 비난하면서 아시아로 돌아왔다. 1933년 10월 수상, 외상, 대장상, 육군상, 해군상의 5상(相)회의는 "제국의 지도하에 일본, 만주, 지나(중국) 3국의 제휴 공조를 통해 동양의 항구적 평화와 나아가 세계평화 증진에 공헌한다."는 방침을 결정했다. 1934년 4월 17일 외무성 정보국장 아모[天羽英二]는 "동아시아 문제는 서양 열강의 입장 및 사명과 다를 수 있다."는 성명을 발표, 동아시아에 대한 열강의 간섭을 배제한다는 방침을 천명했다. 이에 대해 국제 사회는 "아시아 먼로주의"라 비판했으며, 문호개방과 기회균등을 이념으로 하고 있는 미국이 강하게 반발했다. 1936년 8월 5상회의에서는 "영미에 대항하기 위해 일·만·중의 긴밀한 제휴와 동시에 동남아시아로의 진출을 통해 발전을 도모한다."는 국책 기준을 결정했다.

한편 군부는 만주국을 보호하고 미국에 대항하기 위해 군비 확장을 거듭 주장했다. 1934년 말 해군은 군비 증강을 가로막고 있던 런던군축조약을 파기했다. 1935년 들어서 육군은 만주국의 안전을 위해 만리장성 이남 지역의 비무장, 반일운동의 금지, 중앙정부로부터의 독립 등을 중국에 요구하기 시작했다. 12월에는 화북 지역에 기동(冀東)방공자치정부와 기찰(冀察)자치위원회를 발족시켜 이곳을 중국 중앙정부로부터 분리시키는 공작을 폈다. 동시에 참모 본부는 만주사변의 기획자 이시하라[石原莞爾]를 중심으로 1941년까지 대 소련전 준비를 완료하기 위해 군수산업의 획기적 발전과 함께 군비를 2배로 증강하는 계획을 세우고 있었다.

이러한 상황에서 1937년 7월 북경 교외에 있는 노구교(蘆溝橋)에서 중일 간에 충돌이 발생했다. 소련과의 전쟁에 대비하여 야간 훈련을 하던 중 병사 한 명이 행방불명된 것을 중국군의 음모로 판단한 일본군의 총격으로 전투가 시작되었다(병사는 잠시 후 귀환). 화북 지방의 문제를 일거에 해결하기 위한 계기로 삼아야 한다는 강경론사들에 의혜 전투는 확대되어 갔다(당시에는 이를 지나사변이라 함). 그러나 만주사변처럼 선전포고는 이루어지지 않았다. 그 이유는 전투가 단기간에 끝날 것이라고 생각했기 때문일 것이나, 보다 중요한 이유는 다음과 같다. 선전포고를 하면 중국에서의 치외법권과 조계 등 조약상의 권리를 상실할 뿐만 아니라, 중립법(전쟁 당사국에게 무기 및 전쟁에 필요한 물자와 원료 등의 수출을 금지하고, 금융 거래를 제한하는 등의 방법으로 전쟁을 방지하기 위해 미국이 1935년 제정한 법률. 일본은 무역의 많은 부분을 미국에 의존하고 있었기 때문에 미국의 중립법 적용을 피하려 했다.)을 적용받을 수 있고 또 부전조약과 9개국조약 위반에 대한 국제적 비난을 감수해야 하는 등의 불리한 점이 많았다.

만주사변처럼 단기간에 끝나리라는 예상과는 달리 중국 국민은 종래에 볼 수 없는 통일된 모습을 보이며 저항했다. 장제스는 7월 17일 노산(盧山)에서 "국가의 생존을 위해서 전민족의 생명을 걸어야 한다. (중략) 우리는 철저히 희생하고 철저히 항전할 뿐이다."는 역사적 성명을 발표하고 결의를 다졌다. 이에 일본은 전쟁의 성격을 신질서 구축을 '이해'하지 못하는 장제스를 '응징'하는 '성전(聖戰)'으로 규정했다.

1937년 말까지 일본은 산서성, 산동성, 하북성, 수원성(綏遠省) 등 광대한 지역을 점령했으나, 이는 도시와 이를 연결하는 철도를 중심으로 한 점과 선의 점령에 지나지 않았기 때문에 일본군은 농촌을 중심으로 한 항일 게릴라의 공격에 노출되어 있었다. 12월 13일에는 수도 남경을 점령하고 민간인들에게 무자비한 '응징'을 자행했다(남경대학살). 중국 측은 약 30만 명이 학살되었다고 한다. 장제스는 중경으로 수도를 옮겨 항일 의지를 더욱 다졌다.

국가총동원 체제와 아시아의 새로운 질서

일본은 지금까지 항상 일본 본토 바깥에서만 전투를 수행했고, 2년 이상의 장기전을 경험해보지 못했기 때문에 장제스의 지구전에 불안을 가졌다. 장기전에 대비하여 정부는 1938년 5월 국가총동원법을 만들어 전시 체제를 구축했다. 이 법은 정부가 필요한 경우 칙령으로 노무, 물자, 출판 등 경제 활동 전반에 대해 통제할 수 있도록 했다. 거국일치, 진충보국(盡忠報國)을 슬로건으로 하여 협력하지 않는 사람은 '비(非)국민으로 낙인찍었다. 1939년 3월에는 학생의 장발과 여성의 파마를 금지했다. 그 후 이 법을 근거로 국민징용령(1939년 7월 칙령 제451호)에 의한 강제 동원 등이 이루어진다.

1938년 11월 고노에 수상은 전쟁의 목적이 "동아(東亞) 영원의 안정을 확보하기 위한 신질서의 건설"에 있다고 밝히면서 "이것은 일본의 조국(肇國) 정신에 연원하며, 이를 완성하는 것은 일본 국민에게 지워진 영광스런 책무"라고 선언했다. 이른바 '동아 신질서 구상'이며 이를 구체화한 것이 동아협동체론이다. 동아는 지역적 운명공동체이기 때문에 천황을 맹주로 하여 공동의 국방, 일체화된 경제, 문화 공동제를 이룩하여 미국과의 세계 최종전에 대비해야 한다는 것이다. 이는 천황의 황도(皇道)주의에 입각하여 중국을 독점적으로 지배하기 위한 독선적 아시아주의 이데올로기였다.

이에 대해 미국은 12월 "어떠한 나라도 자기의 주권에 속하지 않는 지역에 대해 신질서를 건설할 자격이 없으며, 문호 개방 원칙을 무시한 신질서는 인정할 수 없다."는 방침을 밝히면서 차관 제공 등 중국 원조 방침을 밝혔다. 일본의 신질서 건설과 미국의 문호개방 이념이 정면충돌한 이런 움직임에서 미일전쟁의 근본 원인을 찾는 경우가 많다.

1939년 7월 미국은 미일통상항해조약을 파기하여(6개월 후 실효), 일본에 대한 무역을 정부의 통제 아래 둠으로써 석유와 철의 수출을 저지할 수 있는 태세를 갖추었다. 1940년 기획원의 조사에 의하면 일본은 수입액 21억 엔 중에 19억 엔을 미국에 의존하고 있었다. 한편 공업화를 통해 비약적으로 군비를 증강한 소련은 북만주에서 일본을 위협하고 있었으며, 만주국과의 사이에 국경 분쟁이 발생하고 있었다. 1938년 7월 장고봉(張鼓峰)과 1939년 5월과 7월 노몬한에서 일본군은 소련군에게 참패를 당했다.

북수남진(北守南進)과 대동아 공영권

미소의 위협에 대항하기 위해 일본은 베르사유 체제를 붕괴시키고 유럽에서 새로운 세력으로 부상한 독일과의 연대를 강화했다. 1937년 11월 일본, 독일, 이탈리아가 맺은 3국 방공(防共)협정이 그 전단계이다. 1938년 3월 독일은 오스트리아를 병합하고 5월에는 만주국을 승인한다. 그러나 1939년 8월의 독·소 불가침조약 체결은 소련에 위협을 느끼고 있던 일본에게 충격을 안겨주어, 히라누마[平沼騏一郎] 내각이 총사직했다. 그 직후 독일은 폴란드를 침략, 제2차세계대전이 발발했다. 그 이듬해 5월 독일은 전격적으로 네덜란드, 벨기에, 룩셈부르크, 6월에는 프랑스를 점령했다. 독일의 유럽 제패에 일본은 흥분했다. 세계 최강의 독일과 손잡고 동남아시아에 일본의 세력권을 형성해야 한다는 여론이 형성되었다.

특히 프랑스와 네덜란드의 패망은 동남아시아의 프랑스 및 네덜란드령 식민지를 주인 없는 땅으로 만들었다. 미일통상조약의 파기로 자원 확보에 어려움을 겪던 일본은 동남아 침략(남방 진출) 유혹을 강하게 받았다. 더욱이 중국을 굴복시키기 위해서는 미국과 영국이 버마(미얀마), 베트남, 홍콩 등을 통해 물자를 공급하고 있는 루트(장제스 원조 루트라고 함)를 차단해야 할 필요가 있었다.

1940년 9월 일본은 독일·이탈리아와 3국 동맹을 체결하고, 거의 동시에 프랑스령 북부 베트남을 전격 침략했다. 일본이 3국 동맹을 체결한 바탕에는 다음과 같은 세계관이 깔려 있었다. 1941년 2월 정부연락회의에서 결정한 「대 독일·이탈리아·소련 교섭안 요강」에는 "세계를 대동아권, 유럽권(아프리카 포함), 미주권, 소련권(인도, 이란 포함)의 4대권으로 하여 전

후 강화회의에서 이의 실현을 주장한다.", "제국(일본)은 대동
아공영권 지대에 대해 정치적 지도자의 지위를 점하여 질서
유지의 책임을 진다."고 기록하고 있다. 즉, 세계를 4분하여
아시아에서 지배권을 확보함으로써 아시아인의 아시아를 구
현한다는 것이다. 그러나 이 구상은 중국을 비롯한 아시아인
의 동의와 미국의 개입이 없을 때에만 가능하기 때문에 애초
부터 실현 가능성이 없는 허구였다.

일본의 동남아시아 침략은 새로운 국면을 조성했다. 동아
신질서의 범위가 일본, 만주, 중국에서 동아시아로 확대되었
다. 여기에서 '동아'가 '대동아'로 확대되면서 미국 및 서양
열강과의 대립도 불가피했다. 역설적으로 그들과의 대결을 위
해서 동남아시아를 포함한 자급자족 체제의 형성이 필요했다.
또 서양 열강을 대신한 지배자로서의 정당성을 확보하기 위해
백인의 지배로부터 황인종의 해방이라는 명분이 필요했다. 이
를 '대동아공영권'의 건설이라 하고, 이를 위한 전쟁을 대동아
전쟁(전후 GHQ(연합군 사령부, 사령관 맥아더)가 이 용어의 사
용을 금지했음)이라 불렀다. 북부 베트남 침략 직전인 1940년
8월 1일, 마쓰오카 외상은 "민족의 사명으로서 불인(佛印; 베
트남), 란인(蘭印; 인도네시아)을 포함하는 대동아공영권을 확
립해야 한다."고 선언했다.

일본이 동남아시아를 침공하자 미국은 일본에 철 수출을
금지했다. 동남아시아에는 열강의 식민지가 산재해 있으나,
미국은 필리핀 외에는 식민지를 가지고 있지 않았다. 그런데

왜 미국이 일본의 동남아시아 침공에 개입했을까? 독일이 유럽을 제패하고 있는 상황에서 동남아시아의 식민지가 점령당하면 유럽 자체가 위험해진다. 특히 미국으로서는 마지막 남은 유럽 세력인 영국을 지켜야 했다. 영국이 무너져 유럽 전체가 독일의 수중에 떨어지고, 일본이 아시아를 석권하면 미국 자신도 위험해지기 때문이다. 이를 위해서는 일본의 동남아시아 침략을 저지하여 영국의 식민지를 사수함으로써 영국을 지키고 유럽을 구해야 했다. 그러나 대서양과 태평양에서 동시에 전쟁을 수행하는 것은 미국에게 커다란 부담이었다. 그래서 우선 일본과는 시간을 벌어야 했으며, 그 방편으로 중국을 원조해서 일본을 중국에 묶어 놓아야 했다. 중국을 구하는 것이 일본의 침략을 저지하는 길이었다. 이러한 의미에서 중일전쟁은 미일전쟁이며 태평양전쟁은 중일전쟁의 연장이다(만주사변, 중일전쟁, 태평양전쟁을 합쳐 15년 전쟁이라 함).

1941년 6월 독일의 소련 침공을 계기로 미국은 일본에 공세적 자세를 취했다. 의외로 소련은 독일의 공격을 잘 견뎠다. 일본이 중국 전선에 묶여 있는 것과 마찬가지로 독일은 소련 전선에 묶이게 된 것이다. 동시에 독일의 소련 침공으로 일본의 4대권 구상이 붕괴되고 독일과의 동맹 관계도 약화되었다. 1941년 7월 일본은 베트남 남부를 침공하여 필리핀, 싱가포르 및 태평양으로의 진출 교두보를 마련했다. 이에 미국은 8월 1일 미국 내 일본 자산을 동결하고 석유 수출을 금지했다. 일본은 미국에 석유 수입의 5분의 4를 의존하고 있었다.

절벽에서 뛰어 내리다 – 태평양전쟁

중국을 구하라

미일 간의 쟁점은 분명해졌다. 석유와 철 등 전쟁 물자의 수출 금지를 통해 미국이 일본의 동남아시아 침략을 저지하려는 데 대해 일본은 둘 중 하나를 선택해야 했다. 미국과 타협하여 자원을 다시 공급받든가, 아니면 남진을 가속화하여 자원을 확보하여 미국과의 일전에 대비하는 것이다. 1941년 9월 6일 어전회의에서 "제국은 자존자위를 완수하기 위해 미국과의 전쟁도 불사한다는 결의로 대략 10월 하순을 목표로 전쟁준비를 완결한다."는 「제국국책수행요강」이 결정되었다. 그러나 정부 내에서는 미국과의 전쟁에 의견이 일치하지 않았고,

내각은 총사직했다. 그 뒤를 이어 현역 육군대장인 도조 히데키[東條英機]가 육군대신 겸 수상으로 지명되었다. 그 직후 11월 5일 어전회의에서는 12월 1일 오전 0시까지 미국과의 교섭이 성공하지 못할 경우 "자존자위를 완수하기 위해, 대동아의 신질서를 건설하기 위해" 12월 초 미국(영국, 네덜란드)과의 전쟁을 결의했다. 그리고 미국과의 교섭 조건으로 '갑', '을' 두 가지 안을 결정했다. 갑 안은 중일간의 평화가 성립하면 화북 지방에서 철수하나, 이에는 약 25년 정도의 기간이 걸릴 것이라는 내용이며, 을 안은 미국의 석유 공급을 조건으로 남부 베트남의 일본군을 북부 베트남으로 옮긴다는 것이 주요 골자이다.

일본의 두 가지 안을 접한 헐(Hull) 국무장관은 11월 26일 최후통첩성 회답을 보냈다(일반적으로 Hull Note라 불림). 중국 및 인도차이나(China and Indo-China)에서의 전면 철수, 3국 동맹의 폐기, 중국과 맺은 불평등조약 철폐 등을 주요 내용으로 하고 있으나, 핵심은 '중국 구하기'였다. 일본은 12월 1일 어전회의에서 미국에 대한 공격을 결정했다. 이길 수 없는 전쟁이라는 것을 알면서도 막다른 절벽에서 눈을 감고 뛰어 내리지 않을 수 없었다. 중국에서의 철수는 만주국의 붕괴를 의미하고 그것은 한국에 대한 식민지배를 위태롭게 하며, 나아가서는 일본의 안전까지도 보장할 수 없다는 도미노식의 위기의식이 발동한 것이다. 주권선과 이익선의 팽창주의적 순환논법이 붕괴되고 이익선의 포기와 주권선의 위협이라는 역순환논리가 일본의 안전을 위기로 몰아넣은 것이다.

진주만을 기억하라

12월 8일 미명에 일본군은 미·영군의 각 기지에 일제히 공격을 개시했다(독일과 이탈리아는 이틀 후 미국에 선전포고). 그 가운데 하와이 진주만에 집결해 있는 미국의 태평양 함대에 대한 기습 공격은 백미였다. 동남아시아를 완전 정복할 때까지 미국의 공격을 늦추기 위해 태평양 함대에 최대한의 타격을 가하는 것이 목적이었다. 일정한 성과를 거두기는 했으나, 일요일 아침에 선전포고도 없이 감행한 일본의 기습 공격은 미국 국민을 단결시키는 원동력을 제공했다(기습 공격 개시 1시간 후 선전포고문 전달). 150여 년 전에 치른 독립전쟁을 제외하고 본토 공격을 받아 본 적이 없는 미국민의 분노는 컸다. "진주만을 기억하라"는 미국민의 슬로건이 되었다. 같은 날 일본은 3백 기의 항공 부대의 엄호하에 말레이시아 반도에 상륙하고, 동시에 5백 기의 비행기가 필리핀을 공격했다. 이틀 후에는 말레이시아 만 해전에서 영국의 동양 함대를 괴멸시키고 필리핀에 상륙했다. 일본의 성공은 동남아시아에는 연합군의 정예 대부대가 주둔하고 있지 않았기 때문에 가능했다. 1942년 1월에는 인도네시아, 보르네오, 수마트라 전역을 점령해 석유를 비롯한 전략 물자를 확보하여 어느 정도의 자급자족적 체제를 갖추었다.

1942년 6월 태평양의 제해권을 둘러싸고 전개된 미드웨이 해전에서 일본은 참패했다. 미군은 일본의 암호를 해독하고, 기습을 통해 항공모함 4척을 격파했다. 미국판 '진주만' 공격이었다. 항공모함 손실로 일본은 제해권과 제공권도 상실하게 되었고 전세는 미국의 우위로 돌아섰다. 항공모함을 이용한 미국의 일본 본토 폭격이 가능하게 된 것이다. 일본 동쪽 해상의 항공모함에서 발진한 폭격기가 일본 본토를 폭격하고 중국의 절강성 비행장에 착륙하는 방식으로 미국과 중국이 하나의 전선으로 연결되었다.

태평양전쟁의 영웅 야마모토 이소로쿠[山本五十六] 제독의 예견대로 1944년 들어 일본의 패색은 짙어 갔다. 소련에 대비하여 마지막까지 남겨두었던 만주의 관동군을 1944년 2월부터 중부 태평양 방면으로 이동시키기 시작했다. 조선 주둔군 20사단은 1943년 1월에 이미 뉴기니아 방면으로 이동했으며, 19사단도 1944년 12월 필리핀으로 이동했다. 이러한 상황에서 8월 각의는 병사들에게 전장에서의 옥쇄(玉碎)를 독려하고, 본토 방위를 위한 죽창(竹槍) 훈련을 결정했다. 죽음으로 최후의 결전을 준비하는 심각한 상황을 국내외에서 모두 직면한 것이다.

10월 필리핀의 레이테 만 해전 패배로 일본은 해상 작전 수행 능력을 완전히 상실했다. 레이테 섬의 육상 전투에 투입한 8만 4백 명 가운데 8만 명이 전사했다(필리핀 전체에서 37만 명 전사). 그리고 비행기 부족으로 이때부터 자살 특공대인 가미카제가 활용되기 시작했다. 12월에는 마리아나 섬을 기지로 1백 기 이상의 B29기가 동경을 처음으로 공습했고, 다음해 3월 9일에는 334기의 B29기가 19만 개의 소이탄을 떨어뜨렸다. 12만 명의 사망자와 150만 명의 이재민이 발생하고 도심은 폐허가 됐다. 패전 때까지 동경에는 약 100회, 전국적으로도 약 100개 이상의 도시에 폭격이 가해졌다. 일본 본토가 직접 전장이 된 것은 역사상 처음이었다.

유럽 전선에서의 추축국 이탈리아와 독일도 완패했다. 1943년 1월 스탈린그라드를 공격하던 독일군이 투항하고, 같은 해 9월 이탈리아는 무조건 항복했다. 다음해 6월에 노르망디 상륙작전이 전개되고 10월 소련군이 독일 국경을 넘었다. 1945년 5월 1일 히틀러가 자살하고 7일 독일은 무조건 항복했다.

마지막 한 사람–천황을 지켜라

1945년 3월부터 대본영(后에 최고전쟁지도회의)은 본토 결전 체제를 갖추어 갔다. 더 이상 전쟁 수행 능력이 없었다. 본토 방위를 위해 만주에서 2개 사단을 불러오고 예비역 27개 사단을 무장시켰으나, 개인 휴대 화기도 지급 못할 정도였다. 독일 항복 후, 6월 8일 어전회의는 본토 결전을 다시 한번 결의했다. 7월 16일에는 미국 뉴멕시코 주 사막에서 원자폭탄 실험이 성공했다. 그 이튿날 베를린 교외의 포츠담에서 미국, 영국, 소련 수뇌가 전후 처리를 논의하고, 26일에는 소련을 제외한 미국, 영국, 중국의 3개국 원수의 이름으로 일본에게 조건없는 항복(무조건 항복)을 요구하는 선언을 했다(포츠담선언). 독일에 항복을 요구한 선언과 비교해 천황제 폐지 등이 포함되지 않은 점에서 비교적 완화된 것이었으나 포츠담선언이 천황제 유지를 보장하지 않고 있다는 이유로 일본은 이를 묵살했다. 미국은 8월 6일 히로시마에, 9일에는 나가사키에 원자폭탄을 투하했다. 같은 날 9일 소련은 국경을 넘어 만주에 침공했다(참전으로 소련도 포츠담선언의 참가국이 됨). 근대 일본에게 있어서 가장 위협적인 요소로 존재해 왔던 소련의 참전은 원폭 투하 이상의 충격이었다. 원폭 투하에도 결사항전의 의지를 꺾지 않았던 군부가 소련의 참전으로 그 의지를 완전히 꺾었다. 소련의 참전 소식을 접한 내각서기관은 "땅이 꺼지는 것 같았다."고 그 충격을 술회했다. 스탈린 역시 병사들에게 "러일전쟁의 복수를 하라."고 명했다는 후일담이 있다. 몇 시간 후 열린 어전회의에서는 천황의 지위 유지를 조건으로 포츠담선언을 수락하기로 결정하고 연합국에 통보했으나, 12일 연합국은 재차 무조건 항복을 요구했다. 천황제에 대한 언급이 없다는 이유로 군부는 강하게 반대했다.

　소련의 참전, 원폭 투하라는 최악의 상황에서도 군부는 천황제 유지에 매달리고 있었다. 그들에게 지금까지의 전쟁은 마지막 한 사람 - 천황 - 을 지키기 위한 전쟁이었던 셈이다. 14일 어전회의에서 천황은 "지금은 일본을 위해서 한 명이라도 더 살아남는 것이 중요하다."며 무조건 항복을 결정했다. 9월 2일 동경만 미주리호 함상에서 항복 문서 조인식이 있었다. 조인식에는 1932년 4월 29일 윤봉길 의사의 중국 홍구 공원 폭탄투척 사건에서 오른쪽 다리를 잃은 시게미츠 외상과 맥아더 사령관이 각각 일본과 연합국을 대표해서 사인을 했다.

기묘한 군대 - 헌법9조와 일본의 재무장

일본의 전쟁 결산과 헌법9조

1945년 8월 15일 정오 천황은 육성 방송을 통해 포츠담선언을 수락하고 무조건 항복을 선언했다. 포츠담선언은 일본의 무조건 항복과 연합국의 점령, 그리고 일본의 민주화를 주된 내용으로 하고 있다. 이에 따라 일본은 샌프란시스코강화조약이 발효하는 1952년 4월 28일까지 연합국(실제는 미국)의 점령 통치를 받았다. 점령 정책의 결과는 새로운 헌법의 제정(또는 개정이라 함)을 통해 구체화되었다.

일본 헌법의 가장 큰 특징은 제9조의 평화 조항이다. 헌법9조는 "제1항 국제 분쟁을 해결하는 수단으로써 국권의 발동

내지는 전쟁과 무력에 의한 위협 및 무력의 행사는 영구히 포기한다. 제2항 전항의 목적을 달성하기 위해 육해공군 및 기타의 전력을 보유하지 않는다. 국가의 교전권은 인정되지 않는다."고 되어 있다. 이 가운데 제2항은 매우 특별한 규정으로, 당시에는 일본 헌법이 세계에서 유일했다. 현재는 중미의 코스타리카 헌법이 비슷한 내용으로 되어 있다.

참고로 코스타리카 헌법 제12조는 "대륙간 협정 및 국방상의 목적으로만 군대를 조직할 수 있다."로 되어 있다. 이 조항에 근거하여 코스타리카는 1983년 영구적, 지속적 비무장 중립을 선언하고, 중미 5개국의 평화 확립에 기여한 공로로 1987년 산체스 대통령이 노벨 평화상을 받았다. 일본 역시 헌법9조의 평화 조항에 기초하여 1968년 비핵 3원칙(핵무기를 보유하지 않고, 만들지 않고, 반입하지 않는다)을 천명한 사토 수상이 1974년 노벨평화상을 받았다.

이처럼 일본 헌법 제9조는 평화의 상징으로 되어 있다. 이 조항이 만들어진 과정에 대해서는 논란이 있으나 전후 제2대 수상 시데하라의 발상을 맥아더 점령 사령관이 받아들인 결과라고 한다. 그 과정은 이렇다

미국의 점령 통치의 가장 큰 목적은 일본이 다시는 (미국을 상대로) 전쟁을 하지 못하는 나라로 만드는 것이었다. 구체적으로는 아시아의 스위스를 모델로 하여 경제적으로도 과거 일본의 식민지 국가들보다 더 잘 살지 않는 농업국가(1930년~1934년의 경제 수준)로 만드는 것이었다고 한다. 정치적으로는

천황주권을 국민주권으로 바꾸고 전반적인 민주화를 진전시키는 조치가 취해졌다. 그 일환으로 그때까지 현인신(現人神)으로 여겨졌던 천황이 1946년 1월 스스로 국민들에게 인간임을 선언케 하는 등의 조치가 취해졌다(천황의 인간 선언). 그러나 군사적으로는 일본군을 무장해제시킨 후 어떻게 할 것인가에 대해서 명확한 계획이 없었다.

1946년 1월 11일 SWNCC-228(국무·육군·해군 3부 조정위원회로서 점령 정책의 조정 기관)의 문서가 GHQ에 전달되었다. 이 문서는 천황제 폐지를 시사하고 군대 보유를 인정하고 있으나 천황제가 유지될 경우 천황과 군대의 분리를 강조했다.

1946년 2월 1일 일본 정부의 헌법문제조사위원회가 헌법 초안을 발표했다. 전전의 메이지 헌법과 거의 유사한 내용에 당황한 GHQ는 곧 맥아더 3원칙을 제시했다. 3원칙은 천황제 유지와 전쟁 포기 및 군대 보유 금지를 밝히고 있으며, 현재의 헌법과 거의 같은 내용이다.

맥아더는 미국 상원의 군사외교 합동위원회의 청문회에서 이 원칙이 제시된 이유를 다음과 같이 밝혔다. 1946년 1월 24일 시데하라 수상이 찾아와 "전쟁을 없애기 위해 현재 초안 작업 중인 헌법에 전쟁 포기 조항을 넣고자 합니다."라고 했으며, 이 의견이 맥아더 3원칙으로 수용되었다는 것이다. 그후 2월 13일 GHQ의 헌법 초안이 일본 정부에 제출되고, 이어 4월 17일 일본 정부는 헌법 개정 초안을 발표, 의회(추밀원,

귀족원, 중의원)의 심의를 거쳐 11월 3일 공포했다. 의회는 이 헌법 심의를 마지막으로 해산되고, 신헌법에 의해 새로운 의회가 성립했다.

어쨌든 일본은 세계 유일의 평화 헌법으로 전후를 출발했으며, 그것은 메이지유신 이후 전개된 전쟁의 종결을 의미했다. 그 후 일본은 아직까지 전쟁에 휘말리지 않은 몇 안 되는 국가 중의 하나로 남아 있다.

자위대와 유사 입법-새로운 전쟁 체제

위와 같은 숭고한 헌법9조의 정신은 얼마 가지 않아 무너졌다. 한국전쟁이 발발해 1950년 6월 28일 미국과 UN군의 참전이 결정되었으나 실제로 병력이 한국에 오기까지는 상당한 시간이 필요했다. 7월 9일 대구에 주한 미8군사령부를 설치하고 일본 주둔 미군 약 8만 명을 우선 한국에 파견했는데, 그 하루 전 GHQ는 주일 미군의 한국 파견으로 생기는 국내의 치안 공백을 메우기 위해 같은 규모의 병력으로 무장하도록 일본 정부에 지시했다. 8월 10일 경찰예비대라는 이름으로 7만 5천 명의 무장이 이루어졌고, 이것이 일본 자위대의 효시이다. 한국전이 일본을 재무장하도록 한 것으로, 일본의 전통적 군사 용어를 사용하면, 이익선(한반도)의 위기가 재무장을 재촉한 것이다.

1952년 10월 경찰예비대는 보안대로 개편됐다. 1953년 10

월 미국은 일본에게 10개 사단 35만 명 정도의 병력을 보유하도록 요구했다. 미국은 아시아 공산 세력의 팽창을 저지하는 방파제로서 일본이 필요했다. 요시다(吉田茂) 내각은 취약한 경제력을 핑계로 11만 명 정도의 무장에 합의했다. 이로써 안보를 미국에 의존하면서 경무장을 통해 경제 발전을 도모한다는 '요시다 노선'이 확립되었다. 1954년 7월 1일에는 자위대법의 제정과 함께 방위청을 설치하고 보안대를 자위대로 재편했다.

그 후 미국은 극동 지역에 대한 안보 공헌을 이유로 일본에 계속적으로 군사력 증강을 요구했다. 미국의 요구를 수용하는 형태로 1956년 자위대는 21만 5천 명까지 증강되었으며, 군사비도 전체예산의 약 13%를 차지하기에 이르렀다(2004년 일본의 방위백서에 의하면 현재 자위대 규모는 23만 9,579명). 경찰도 군대도 아닌 '자위대'라는 기묘한 명칭을 사용하면서 패전 10년 만에 일본군은 완전 재무장을 달성했다. 미국에 의해 무장해제를 당한 일본이 미국의 요구로 다시 무장을 하는 아이러니한 현상이었다. 헌법9조는 사실상 사문화되었다. 물론 일본의 재무장이 미국의 요구에 의해서만 이루어진 것은 아니다. 한국전을 전후해, 추방되었던 전전의 보수 세력들이 복귀하면서 자주헌법 쟁취와 재무장의 필요성이 대두했다.

그 후 일본 자위대는 병력 규모면에서는 큰 변화를 보이지 않으나, 장비의 현대화와 미국과의 동맹 강화를 통해 전력을 증강시켜 갔다. 미일의 군사적 동맹은 1951년에 체결된 미일

안보조약으로부터 시작된다. 1949년 중국의 공산화, 소련의 원폭 실험 성공, 1950년 한국전쟁 발발 그리고 중소동맹의 발전 등을 배경으로 미국은 아시아에서 일본의 군사적 가치를 재평가하고 미군이 계속 주둔할 방법을 모색한다. 강화조약을 체결해 일본의 주권을 회복시키는 것에 대한 교환 형태로 같은 날 미일안보조약이 체결되었다. 이 조약으로 미군의 일본 주둔권과 오키나와에 대한 미국의 통치권이 인정되었다. 또 이 조약은 일본 내의 내란 진압을 위한 미군의 출동을 인정하는 내란 조항이 포함되어 있었으나, 1960년 1월 내란 조항이 삭제되고 미일상호방위조약으로 발전, 지금에 이르고 있다.

이 조약을 기초로 책정된 1978년의 가이드라인(미일방위협력을 위한 지침)을 통해서 자위대의 역할과 기능이 확대되었다. 가이드라인은 일본이 소규모의 침략에 대해 독자적인 방어를 할 수 있을 정도의 방위력을 보유하고, 미일 양국은 일본 및 주변 공해역(空海域)에서 공동 작전을 전개한다는 내용으로 되어 있다. 공동 작전의 범위는 한국 주변 해역에 대한 일본의 군사력 사용 가능성을 포함하는 것으로 알려져 있다. 여기에서 한·미·일 간의 간접 3각 동맹이 형성된다.

1981년 레이건 대통령과 스즈키 수상이 만난 자리에서 처음으로 '동맹국'이라는 표현이 사용되고, 극동의 평화와 안정을 위한 미일의 역할 분담이 확인되었다. 미일의 동맹은 과거 미일 간의 적대관계가 공식적으로 해소되었다는 것을 의미하고, 공동 작전은 과거 아시아의 침략자였던 일본이 미국과 함께 아시아의 '수호자'로서의 지위를 확보했다는 것을 보여주고 있다.

1990년대 들어 자위대의 역할은 더욱 확대되어 해외 파병 단계로까지 발전했다. 걸프전을 계기로 미국은 일본에 군사적 국제 공헌을 요구했고, 이는 1992년 평화유지활동(PKO)법안 제정과 자위대의 해외 파병 공식화로 이어졌다. PKO활동이기는 하나 일본의 군대가 세계 어디든 갈 수 있게 되었다는 데에는 중요한 의미가 있다. 1996년 4월 클린턴·하시모토 정상 회담에서는 미일 관계를 세계에서 가장 강력한 동맹 관계인 미영(美英)동맹 정도로 격상시키는 「미일안전보장공동선언: 21세기를 향한 동맹」이 발표되었다. 북한 및 중국의 위협에 공동 대응한다는 것이 그 이유이나, 실제적으로는 세계적 규모에서의 미일 군사 협력 구도의 확립이었다. 이를 구체화하기 위해 그 다음해 9월에는 신가이드라인이 책정되었다.

신가이드라인에는 일본 주변에 유사 사태가 발생할 경우 일본이 미군에 수송, 보급 및 민간 공항, 항만 등을 제공하는 후방지원 역할을 할 것을 구체적으로 명시하고 있다. 일본 주변에 대한 범위는 명확하지 않으나 한반도와 대만을 포함하여 아시아 태평양 전역을 포함하는 것으로 해석된다. 더 넓게는 중동과 대서양까지 포함한다는 의견도 있다. 여기에서 한국과 일본의 방위협력 체제의 필요성도 동시에 제기되어, 본격적인 한·미·일 방위협력 체제가 형성되었다.

미일동맹의 확대 강화를 배경으로 일본은 국내적으로도 유사 사태, 즉 전쟁을 대비한 법률 정비에 착수한다. 이른바 주변 사태법 및 유사 3법이 그것이다. 1999년 5월에 「주변 사태 시 일본의 평화 및 안전을 확보하기 위한 조치에 관한 법률」이 제정되었다. 이 법에서는 주변 사태를 "일본 주변 지역에서 일본의 평화 및 안전에 중요한 영향을 끼치는 사태"로 규정하고, 주변 사태의 범주를 실제 무력 발생, 무력 분쟁 임박, 무력 분쟁 임박은 중지됐으나 질서 회복이나 유지가 안 된 경우, 내란이나 내전, 정치 체제 혼란에 따른 난민의 일본 유입 가능성이 있을 때, 유엔 안보리 결의로 경제 제재의 대상이 되는 경우 등으로 폭넓게 인정하고 있다. 이 경우 일본은 신가이드라인에 입각하여 미군에 시설 제공을 포함한 후방지원을 한다. 구체적으로는 항만, 공항 등의 제공은 물론 전쟁 수행에 필요한 물품 및 용역의 제공 등을 포함하고 있다. 그리고 협력을 거부하는 자에게는 벌칙을 가할 수 있는 강제력을 규정하고 있다는 점에서는 전전의 전시동원 체제와 별 차이가 없다. 그리고 후방 지원을 통해 자위대는 자연스레 주변 사태에까지 활동의 범위를 넓게 된다.

나아가 2003년 6월 국회를 통과한 「무력공격사태 대처 관련 3법」(무력공격사태 대처법, 안전보장회의 설치법, 자위대법 개정안)에서는 '무력공격사태 및 무력공격 예측사태'에 대한 자위권 발동을 규정하고 있다. 현실적인 피해가 발생하지 않은 시점이라도 상대가 무력행사에 착수하면, 일본에 대한 무력 공격이 발생한 것으로 간주해서 자위권을 발동, 공격 가능하도록 하여, 선제 공격의 가능성을 열어놓았다. 예를 들면 "북한이 일본을 공격하기 위해 미사일 발사대를 수직으로 세울 경우, 북한의 공격이 시작된 것으로 간주, 해당 미사일 기지를 선제공격할 수 있다."는 것이 방위청의 방침이다. 전수(專守) 방위의 원칙이 무너지고 공세적 방위로 전환한 것이다.

방위 태세의 변화와 함께 군사비의 증강도 함께 이루어지고 있다. 1975년 미키[三木武雄] 내각에서 설정된 GNP 1% 이내의 군사비라는 원칙은 1980년대 중반 나카소네 내각 때 무너졌으며, 일본의 방위비는 미국, 러시아에 이어 세계 3, 4위를 기록하고 있다. 이러한 점들을 종합적으로 고려한다면, 현재 일본의 군사력 및 방위 태세가 전전의 체제로 회귀했음을 부정하기 어려운 수준에까지 와 있다고 할 수 있다.

헌법 개정과 헌법9조

자위대의 출범과 거의 때를 같이 하여 자주헌법 제정론이 본격 논의되기 시작했다. 자주헌법론은 지금의 헌법이 미국의 강요에 의한 것이기 때문에 일본이 주체가 된 자주적인 헌법을 만들어야 한다는 것이다. 자민당이 이를 강하게 주장했다. 특히 헌법9조는 일본을 '반(半)국가'로 만들고 있기 때문에 일본이 정상적인 나라가 되기 위해서는 헌법9조를 개정하여 군대 보유를 명문화해야 한다는 것이 그들의 논리이다. 그 배경에는 현실적으로 존재하는 자위대와 헌법 사이의 괴리를 메워

자위대를 명실상부한 '일본의 군대'로 하려는 의도가 있다.

1956년 자민당은 내각에 헌법조사위원회를 설치하여 '제9 조 강압론'을 중심으로 개헌 가능성을 검토했다. 1963년 7월 에 발표된 조사결과는 헌법9조에 대해 강압론과 자주론을 병기 하고 결론을 내리지 않았다. 그러나 당시 헌법 조사회 회장 다 카야나기[高柳賢三] 교수는 그의 저서 『천황·헌법9조』(1963) 에서 강압론을 부정했다. 강압론을 헌법 개정의 근거로 삼으 려 했던 자민당의 의도는 빗나갔다. 그럼에도 이 논리는 헌법9 조 개헌의 유력한 근거로 널리 전파되어 있다.

그 후 일본의 군사력 증강과 함께 커지는, 자위대의 존재와 헌법의 괴리를 메우려는 현실적 노력도 수반되었다. 1993년 5 월에 출간된 자민당 간사장 오자와의 『일본개조계획』은 센세 이션을 일으키며 개헌론에 불을 붙였다. '보통국가론'이라 불 리는 그의 주장은 경제력에 걸맞은 군사력, 군사력에 걸맞은 정치력을 가지는 국가를 지향하고 있다. 그리고 군대는 국가 의 필요에 의해 적절하게 사용되어야 하며, 자위대는 "수동적 인 전수 방위에서 능동적인 평화 창출 전략으로 대전환이 필 요하다. 이를 위해서는 9조의 폐기 또는 개정이 불가피하다." 고 역설했다.

오자와의 논의를 배경으로 2000년 1월 의회에 헌법조사회 를 설치했다. 헌법조사회는 헌법 전반에 대한 연구와 조사를 목적으로 하고 있으나, 실제로는 헌법 개정을 위한 논의의 장 이다. 논의의 초점은 천황의 지위와 헌법9조이다. 2004년 11

월 자민당이 발표한 「헌법개정시안」은 자위대를 '자위군'으로 바꾸고, '국제공헌' 활동에 필요할 경우 무력행사를 용인해야 하며, 미국이 관련된 지역 분쟁에 자위대가 보다 적극적으로 관여할 수 있도록 집단적 자위권을 인정해야 한다는 내용을 담고 있다. 2005년 4월 말, 중의원과 참의원의 헌법조사회는 각각 최종 보고서를 발표했다. 최종 보고서는 자민당의 개정 시안보다 다소 완화된 내용으로 되어 있다. 그러나 자위대의 위상, 집단적 자위권, 자위대 해외 활동 등에 대해서는 의견 집약을 못하고 여전히 쟁점으로 남았다.

2005년 4월 24, 25일 아사히 신문이 실시한 여론 조사에서 "헌법 개정이 필요하다"가 56%, 9조는 "바꾸지 않는 게 좋다" 는 51%의 응답을 얻었다. 국민 여론은 헌법 개정의 필요성에 는 동의하고 있으나, 9조의 개정(혹은 폐기)에는 유보적인 입 장을 취하는 '괴리 현상'을 보여준다. 헌법 개정을 위해서는 국회 3분의 2 이상의 발의로 국민투표를 통과해야 한다. 그러 나 일본은 헌법 개정과 국민투표의 경험이 없기 때문에 국민 투표를 위한 절차법을 만들어야 한다. 이러한 점을 고려하면 헌법 개정이 쉽게 이루어지지는 않을 것으로 보인다. 그러나 냉전 체제의 붕괴와 함께 사회당과 같은 혁신 세력이 거의 사 라져버렸기 때문에 정치, 사회적 우경화와 맥을 같이하고 있 는 헌법 개정을 막을 정치 세력이 거의 없다는 점이 염려스럽 다. 헌법 개정 문제는 일본 국내만의 문제가 아니며, 동아시아 의 정치, 군사적인 판도에 많은 영향을 끼칠 것이다.

에필로그 — 전후 일본의 '전시 체제'

　우에야마[上山春平]는 「대동아전쟁의 사상사적 의의」(『中央公論』, 1961년 9월)라는 논문에서, 태평양전쟁은 개국과 근대화의 출발부터 이미 예견된 것이었다고 논했다. 그는 근대 일본은 "봉건제 해체→산업혁명→후진국 침략→선진국과의 충돌이라는 코스를 거의 논리적 필연성으로 하고 있었다."고 한다. 이 도식을, 과장되게 표현하면, 봉건제 해체와 산업혁명으로 요약되는 메이지유신을 출발점으로 하여 근대 일본은 전쟁으로 시작해서 전쟁으로 막을 내렸다고 할 수 있다. 다시 말하면 근대 일본은 전쟁을 통해 성장해 왔다는 의미다.

　그러면 일본과 전쟁의 관련성은 제2차세계대전(태평양전쟁)의 종결과 함께 끝난 것인가? 최근 일본에서 노구치[野口愈紀

雄]의 『1940년 체제』(東洋經濟新聞社, 2002)가 화제가 되고 있다. 지금도 일본은 1940년 전시 체제의 연속선상에 있으며, 전전과 전후의 일본 경제는 이 체제로 발전했다. 일본을 대표하는 많은 기업들이 이 전시 체제 속에서 성장했으며, 전후의 고도성장 역시 전시 체제의 메커니즘에서 가능했다고 한다. 그 연장선상에서 "일본의 경제 체제는 지금도 전시 체제"라고 주장한다.

그러면 1940년의 전시 체제는 경제면에서만 지속되고 있는 것일까? 적어도 군사적 측면에서는 전전과 전후가 단절되었다고 여겨왔다. 헌법9조의 비무장이 그것을 상징하고 있다. 그러나 최근 일본은 군사력을 강화하고 있으며 유사 사태를 대비한 법률 정비도 마쳤다. 이것은 군사적 측면에서의 전전 체제 내지는 전시 체제로의 회귀를 뜻하는 것은 아닐까? 그렇다면 전전과 전후의 차이는 무엇인가? 전전에는 군사 및 전쟁이 산업 부분의 발전을 이끌었다면, 전후에는 그 반대로 산업 및 경제가 군사력 강화를 이끌고 있다는 점일 것이다. 어쨌든 결과는 같지 않은가.

이러한 측면에서 본다면, 근대 일본의 전시 체제는 끝나지 않았으며, 전쟁의 가능성을 내포하고 있다고 할 수 있다. 자위대의 해외 파병, 미일동맹의 강화, 사회의 전반적인 우경화가 그것일까? 전쟁국가 일본은 지금도 계속되고 있으며 불안한 평화를 안고 있는 휴화산에 지나지 않는가? 소박한 의문이다.

1971년 10월 독일의 브란트 수상은 노벨 평화상을 받았다.

그는 수상 연설에서 "전쟁을 정치적 수단으로 삼아서는 안 됩니다. 평화를 위해 단 한 걸음이라도 전진합시다."라고 세계에 호소했다. 제1, 2차세계대전으로 유럽을 두 번이나 불바다로 만든 독일은 이제 세계를 향해 평화를 말하고 있다. 당시 독일의 동맹국이었던 일본은 세계 최초의 평화 헌법을 가진 나라가 되었지만 그 의미를 아직 이해하지는 못한 것 같다. 이제 일본은 전쟁국가가 아니라 평화국가라는 것을 세계에 보여야 하지 않을까?

역설적이게도, 미국, 영국, 중국, 소련 등 제2차세계대전에서 전승국이었던 대부분의 나라들은 하나같이 그 후 어떠한 형태로든 전쟁을 경험하게 되었으나, 패전국 일본과 독일은 아직 전쟁을 경험하지 않고 있다. 전후 60년이 지나도록 세계대전이 없는 것도 이와 관련이 있는 것일까? 그런데 헌법9조를 가진 평화국가 일본이 제2차세계대전 이전으로 회귀하여 군사적 발전주의의 국가가 된다면, 이는 또 다시 세계평화를 위협하게 될지도 모를 일이다. 이것이 전쟁국가 일본으로부터 우리가 얻은 역사적 교훈이다.

참고문헌

가토 요코, 박영준 옮김, 『근대일본의 전쟁논리』, 태학사, 2003.

이리에 아키라, 이성환 옮김, 『일본의 외교』, 푸른산, 1993.

이에나가 사부로, 현명철 옮김, 『전쟁 책임』, 논형, 2005.

이토 나리히코, 강동완 옮김, 『일본헌법9조를 통해서 본 또 하나
   의 일본』, 행복한책읽기, 2005.

李盛煥外, 『太平洋戰爭』, 東京大學出版會, 1993.

李盛煥外, 『日露戰爭研究の新視点』, 成文社, 2005.

北岡伸一, 『日本政治史-外交と権力-』, 日本放送出版協會, 1989.

五百旗頭 眞, 『日本政治外交史』, 日本放送出版協会, 1985.

衛藤瀋吉, 『近代東アジア國際關係史』, 東京大學出版會, 2004.

宮地正人, 『國際政治下の近代日本』, 山川出版社, 1987.

読売新聞社, 『20世紀の戦争編 日本戦争』, 読売新聞社, 1999.

三輪公忠, 『日本・1945年の視點』, 東京大學出版會, 1986.

Andre Schmid, *Korea Between Empires 1895~1919*, Columbia University
   Press, 2002.

Elise K. Tipton, *Modern Japan: Social and Political History,* Routledge,
   2002.

Herbert P. Bix, *Hirohito and the Making of Modern Japan*, Harper
   Collins Publisher, 2000.

전쟁국가 일본

펴낸날	초판 1쇄 2005년 7월 15일
	초판 3쇄 2015년 3월 25일

지은이	이성한
펴낸이	심만수
펴낸곳	(주)살림출판사
출판등록	1989년 11월 1일 제9-210호

주소	경기도 파주시 광인사길 30
전화	031-955-1350 팩스 031-624-1356
기획·편집	031-955-4671
홈페이지	http://www.sallimbooks.com
이메일	book@sallimbooks.com

ISBN	978-89-522-0402-8 04080

085 책과 세계

강유원(철학자)

책이라는 텍스트는 본래 세계라는 맥락에서 생겨났다. 인류가 남긴 고전의 중요성은 바로 우리가 볼 수 없는 세계를 글자라는 매개를 통해서 우리에게 생생하게 전해 주는 것이다. 이 책은 역사라는 시간과 지상이라고 하는 공간 속에 나타났던 텍스트를 통해 고전에 담겨진 사회와 사상을 드러내려 한다.

056 중국의 고구려사 왜곡   `eBook`

최광식(고려대 한국사학과 교수)

중국의 고구려사 왜곡의 숨은 의도와 논리, 그리고 우리의 대응 방안을 다뤘다. 저자는 동북공정이 국가 차원에서 진행되는 정치적 프로젝트임을 치밀하게 증언한다. 경제적 목적과 영토 확장의 이해관계 등이 복잡하게 얽혀 있는 동북공정의 진정한 배경에 대한 설명, 고구려의 역사적 정체성에 대한 문제, 고구려사 왜곡에 대한 우리의 대처방법 등이 소개된다.

291 프랑스 혁명   `eBook`

서정복(충남대 사학과 교수)

프랑스 혁명은 시민혁명의 모델이자 근대 시민국가 탄생의 상징이지만, 그 실상을 아는 사람은 많지 않다. 프랑스 혁명이 바스티유 습격 이전에 이미 시작되었으며, 자유와 평등 그리고 공화정의 꽃을 피우기 위해 너무 많은 피를 흘렸고, 혁명의 과정에서 해방과 공포가 엇갈리고 있었다는 등의 이야기를 통해 프랑스 혁명의 실상을 소개한다.

139 신용하 교수의 독도 이야기   `eBook`

신용하(백범학술원 원장)

사학계의 원로이자 독도 관련 연구의 대가인 신용하 교수가 일본의 독도 영토 편입문제를 걱정하며 일반 독자가 읽기 쉽게 쓴 책. 저자는 역사적으로나 국제법상으로 실효적 점유상으로나, 어느 측면에서 보아도 독도는 명백하게 우리 땅이라고 주장하며 여러 가지 역사적인 자료를 제시한다.

144 페르시아 문화

eBook

신규섭(한국외대 연구교수)

인류 최초 문명의 뿌리에서 뻗어 나와 아랍을 넘어 중국, 인도와 파키스탄, 심지어 그리스에까지 흔적을 남긴 페르시아 문화에 대한 개론서. 이 책은 오랫동안 베일에 가려 있던 페르시아 문명을 소개하여 이슬람에 대한 편견과 오해를 바로 잡는다. 이태백이 이란계였다는 사실, 돈황과 서역, 이란의 현대 문화 등이 서술된다.

086 유럽왕실의 탄생

김현수(단국대 역사학과 교수)

인류에게 '예술과 문명' 그리고 '근대와 국가'라는 개념을 선사한 유럽왕실. 유럽왕실의 탄생배경과 그 정체성은 무엇인가? 이 책은 게르만의 한 종족인 프랑크족과 메로빙거 왕조, 프랑스의 카페 왕조, 독일의 작센 왕조, 잉글랜드의 웨섹스 왕조 등 수많은 왕조의 출현과 쇠퇴를 통해 유럽 역사의 변천을 소개한다.

016 이슬람 문화

이희수(한양대 문화인류학과 교수)

이슬람교와 무슬림의 삶, 테러와 팔레스타인 문제 등 이슬람 문화 전반을 다룬 책. 저자는 그들의 멋과 가치관을 흥미롭게 설명하면서 한편으로 오해와 편견에 사로잡혀 있던 시각의 일대 전환을 요구한다. 이슬람교와 기독교의 관계, 무슬림의 삶과 낭만, 이슬람 원리주의와 지하드의 실상, 팔레스타인 분할 과정 등의 내용이 소개된다.

100 여행 이야기

eBook

이진홍(한국외대 강사)

이 책은 여행의 본질 위를 '길거리의 철학자'처럼 편안하게 소요한다. 먼저 여행의 역사를 더듬어 봄으로써 여행이 어떻게 인류 역사의 형성과 같이해 왔는지를 생각하고, 다음으로 여행의 사회학적·심리학적 의미를 추적함으로써 여행에 어떤 의미를 부여할 것인가에 대해 말한다. 또한 우리의 내면과 여행의 관계 정의를 시도한다.

293 문화대혁명 중국 현대사의 트라우마 eBook

최자영(부산외국어대학교 HK교수)

백승욱(중앙대 사회학과 교수)

중국의 문화대혁명은 한두 줄의 정부 공식 입장을 통해 정리될 수 없는 중대한 사건이다. 20세기 중국의 모든 모순은 사실 문화대혁명 시기에 집약되어 있다고 해도 과언이 아니다. 사회주의 시기의 국가 · 당 · 대중의 모순이라는 문제의 복판에서 문화대혁명을 다시 읽을 필요가 있는 지금, 이 책은 문화대혁명에 대한 안내자가 될 것이다.

174 정치의 원형을 찾아서 eBook

최자영(부산외국어대학교 HK교수)

인류가 걸어온 모든 정치체제들을 매우 짧은 기간 동안 시험하고 정비한 나라, 그리스. 이 책은 과두정, 민주정, 참주정 등 고대 그리스의 정치사를 추적하고, 정치가들의 파란만장한 일화 등을 소개하고 있다. 특히 이 책의 저자는 아테네인들이 추구했던 정치방법이 오늘 우리 사회가 당면한 문제를 해결할 수 있는 지혜의 발견에 도움을 줄 수 있을 것이라고 말한다.

420 위대한 도서관 건축순례 eBook

최정태(부산대학교 명예교수)

이 책은 도서관의 건축을 중심으로 다룬 일종의 기행문이다. 고대 도서관에서부터 21세기에 완공된 최첨단 도서관까지, 필자는 가능한 많은 도서관을 직접 찾아보려고 애썼다. 미처 방문하지 못한 도서관에 대해서는 문헌과 그림 등 가능한 많은 정보를 수집하려 노력했다. 필자의 단상들을 함께 읽는 동안 우리 사회에서 도서관이 차지하는 의미에 대해 다시 생각하게 된다.

421 아름다운 도서관 오디세이 eBook

최정태(부산대학교 명예교수)

이 책은 문헌정보학과에서 자료 조직을 공부하고 평생을 도서관에 몸담았던 한 도서관 애찬가의 고백이다. 필자는 퇴임 후 지금까지 도서관을 돌아다니면서 직접 보고 배운 것이 40여 년 동안 강단과 현장에서 보고 얻은 이야기보다 훨씬 많았다고 말한다. '세계 도서관 여행 가이드'라 불러도 손색없을 만큼 풍부하고 다채로운 내용이 이 한 권에 담겼다.

역사 · 문명

eBook 표시가 되어있는 도서는 전자책으로 구매가 가능합니다.

㈜살림출판사
www.sallimbooks.com
주소 경기도 파주시 문발동 522-1 | 전화 031-955-1350 | 팩스 031-955-1355